CHANSONS

LES DIEUX

DE

LA FABLE

PAR LES MEMBRES DU CAVEAU

MOTS DONNÉS

PARIS

IMPRIMERIE A. APPERT, PASSAGE DU CAIRE, 5C

1861

LES

DIEUX DE LA FABLE

CHANSONS

LES DIEUX

DE

LA FABLE

PAR LES MEMBRES DU CAVEAU

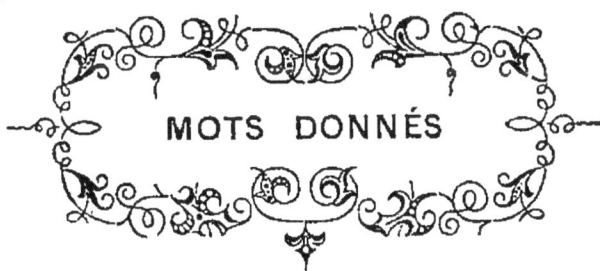

MOTS DONNÉS

PARIS

IMPRIMERIE A. APPERT, PASSAGE DU CAIRE, 56

1861

AVERTISSEMENT.

———————

Les Chansons que contient ce Recueil ont été faites sur des mots tirés au sort, pour le Banquet annuel des Membres du Caveau, dit *Banquet d'été*, qui a eu lieu le 22 juin 1861, chez M. Ory, restaurateur, avenue de l'Impératrice, n° 10.

La chanson de *Momus*, qui ouvre la série des Mots donnés, indique le mot échu à chacun des Sociétaires; mais quelques-uns d'entre eux n'ayant pas fait leur chanson, ou n'étant pas venus au Banquet, leur mot a été traité par d'autres : ce qui explique pourquoi plusieurs des Membres présents à cette joyeuse réunion se trouvent avoir plusieurs chansons dans le Recueil.

LES
DIEUX DE LA FABLE

MOMUS

Air de *la Valse des Comédiens*.

Je suis *Momus*, le dieu de la folie,
C'est moi, toujours, qui préside au Caveau,
C'est mon grelot qui convoque et rallie
Des chansonniers le sémillant troupeau.

Aujourd'hui même, à ma voix qui l'inspire,
Tout le Caveau s'assemble radieux
Pour célébrer, dans un joyeux délire,
Du Paganisme et l'Olympe et les Dieux.

L'ami Lyon représente Saturne ;
Mais, moins cruel, n'ira pas tous les ans,
En vrai glouton et d'un air taciturne,
Pour son repas dévorer ses enfants.

Festeau, dit-on, peu charmé de Cybèle,
Et redoutant le sort du jeune Atys,
Laisse Justin s'emparer de la belle,
Pour raconter ses tendres appétits.

Prosper Fournier, dans ce tournoi lyrique,
Devient Neptune, ô bizarre destin !
Il nous fait voir, par un effet magique,
Le dieu des eaux dans un marchand de vin.

De Jupiter Mahiet remplit le rôle,
Et, comme lui, ce hardi damoiseau,
Pour la beauté, qui toujours l'affriole,
Se ferait cygne, aigle et surtout taureau (1).

Voyez Junon, à l'humeur si jalouse,
C'est Thiébaux fronçant ses fiers sourcils.
Et de Vulcain, représentant l'épouse,
Marie attire et les jeux et les ris (2).

(1) M. Mahiet, obligé de partir en voyage, a cédé au
doyen l'honneur de chanter le maître des dieux de
l'Olympe.

(2) Le temps ayant manqué à M. Marie pour faire
sa chanson de *Vénus*, cette déesse a eu pour interprètes Lagarde et Van Cleemputte.

Désirez-vous, à cette aimable fête,
Voir le profil de la blonde Cérès ?
Voici Guillois qui couronne sa tête
D'épis dorés et de légers bluets.

Du jeune Éros De Calonne est l'image :
Ce vieux satyre, ici, fait Cupidon ;
Puis, fin d'esprit quoique gros de visage,
Désaugiers fils se montre en Apollon.

Salin, dit-on, canotier de mérite,
A sur la Seine affronté maint hasard ;
Aussi veut-il vous chanter Amphitrite,
Et les amours d'un pudique homard.

Mais c'est en vain que je cherche Mercure,
Où donc est-il ? Ce dieu-là n'est pas sot !
Il prend un masque honnête, je vous jure :
Oui, le voilà sous les traits de Bugnot.

Pluton paraît, et de sa Seigneurie,
On se demande : Où donc est le Château ?
Vilmay répond : La France est ma patrie.
Et moi, Pluton, je suis de Montereau.

Vignon, soudain, se change en Proserpine ;
Montmain devient la superbe Pallas ;
Vasseur, Diane ; et Juteau s'imagine
Être Vulcain, quoiqu'il ne le soit pas.

Soyez certain que Pomone-Clairville
Saura s'entendre avec Flore-Justin :
Les fruits, les fleurs vont, sous leur plume habile.
Dans leurs couplets orner notre festin.

Voici venir Mars, le dieu de la guerre !
Il apparaît sous les traits de Fournier ;
Mais, à la main, au lieu d'un cimeterre,
Il tient, je crois, la plume d'un greffier.

Qui, de Bacchus, est chez nous l'interprête ?
C'est Lagoguée ; or, ce choix est heureux .
Car les buveurs aiment tous la goguette ,
Et Lagoguée aime un vin généreux.

Ami Vancleem, tu vas tacher la nappe.
En te versant trop de jus du tonneau :
Quand tu remplis le rôle d'Esculape,
Ce Dieu te dit : Dans ton vin mets de l'eau.

Mais, qui s'avance, et si fort gesticule ?
C'est Montémont, sa massue à la main :
Dans notre Olympe, il représente Hercule ;
Oh ! n'allez pas lui barrer le chemin !

A l'Institut se pavanent les Muses :
Cher Lesueur, chez nous ramène-les ;
A sommeiller, on dit que tu t'amuses :
Éveille-toi par de joyeux couplets.

Legrand sera très recherché des dames,
Par deux raisons, soyez-en convaincus :
Les beaux garçons sont estimés des femmes,
Et puis, Legrand représente Plutus.

Un réaliste a dû peindre Silène,
Ventre dodu, visage purpurin :
Je le suppose, et je croirai sans peine
Que pour modèle il fit poser Charrin.

L'ami Giraud, notre gentil Orphée,
Au dieu d'hymen vient de se convertir :
Aussi le sort le transforme en Morphée ,
Mais du sommeil, vainqueur, il va sortir!

Je crains vraiment qu'en vous parlant d'Éole,
Poincloud ne fasse un calembourg savant,
Et que ce soir, trop rempli de son rôle,
En plein dessert il ne lâche le Vent ! (1)

Toirac saura nous dire un joli conte
Sur les amours de la gentille Hébé :
Notre docteur vous prouvera sans honte
Que de Priape elle fit un bébé.

(1) En l'absence de *Poincloud,* Éole a été chanté
par *Van Cleemputte.*

Mais, à ce mot que vous venez d'entendre,
Je vois Protat se raidir tout à coup :
C'est lui *Priape*, et certe il saura prendre
Un tel sujet par son plus joli bout.

Puis, Bouclier nous chantera les Parques,
Et sa bobine, avec un art subtil,
Nous traitant mieux que de puissans monarques,
Jamais, pour nous ne cassera son fil.

En souriant, Thémis tient sa balance,
Et, sous les traits de l'avocat Duplan, (1)
Vous charmera par sa douce éloquence.
A Krauss revient la flûte du dieu Pan (2).

Place au Silence, à ce dieu de la fable,
Qu'à pas de loups, jadis, on abordait ;
Mais ce dieu-là n'est pas à notre table,
Et le silence est gardé par Bordet.

Iris paraît, fidèle messagère,
Venant de Lille avec rapidité ;
Que la vapeur, sur son aile légère,
Ami Dubuc, transporte ta gaîté !

(1) Ou de l'avoué Protat, à défaut de Duplan.
(2) M. Krauss n'ayant pas fait sa chanson, c'est
Clairville qui s'est chargé de le remplacer.

Du jeune Hymen, Forbin, suivant les traces,
Chante pour lui de tendres *oremus*.
Dans Jacquemart j'admire les trois Grâces ; (1)
Dans Levaillant, j'aime à trouver Comus.

Pour accoucher de cette œuvre badine,
J'ai grand besoin d'un secours merveilleux :
Viens donc, Marchand, viens, ô bonne Lucine,
Aide un mortel à procréer des dieux.

Oui, je le sens ; oui, j'arrive à mon terme,
Et ce couplet, enfin, est le dernier ;
Respirons tous, car voici le dieu Terme
Sous le trait d'A—zéma de Montgravier.

Je suis *Momus*, le dieu de la folie,
C'est moi toujours qui préside au Caveau ;
C'est mon grelot qui convoque et rallie
Des chansonniers le sémillant troupeau.

J. LAGARDE,
Membre titulaire.

(1) C'est Van Cleemputte qui a rempli le rôle des Grâces à la place de Jacquemart.

SATURNE

(POT-POURRI)

Air du *Roi d'Yvetot*.

Titan qui d'vait régner aux cieux,
    Dit à son frère Saturne :
« J' te cèd' ma plac', sois l' chef des dieux. »
    Puis, d'un air taciturne,
Il ajout' : « pour ça tous les ans
    « Il faut qu' tu croques tes enfants
        « Vivants. »
Oh ! oh ! oh ! oh ! ah ! ah ! ah ! ah !
Quel bon p'tit oncle qu' c'tait là,
        La, la.

Air : *Dis-moi donc, mon p'tit Hippolyte.*

Cybèl' que la douleur accable,
    Quand Jupiter reçoit le jour,
A son beau-frèr', d'après la fable,
    Joue un subtil et malin tour,

Pour conserver l' fruit d' son amour :
V'nant d'accoucher, c'te bonne mère
A Saturne fait dévorer,
Au lieu d' son enfant, une pierre.
Ça m' paraît dur à digérer !

AIR : *Rendez-moi mon écuelle de bois.*

Lorsque Titan sut qu'on le jouait,
    Il accourt chez son frère
Pour lui dir' : « C'est ainsi, mon cadet,
    « Qu' tu fais l' Robert-Macaire.
« Puisque t'es de mauvaise foi,
    Sans tarder, allons qu'on s' soumette,
« J' suis l' plus fort, le trône est à moi ;
    Ot'-toi d' là que j' m'y mette. »

AIR de *Manon Giroux.*

Mais Jupiter devenu grand,
Quitt' sa nourrice en soupirant,
Et d' son pèr' pour sout'nir la gloire,
Va chez Titan la foudre en main ;
Et lui dit : « Sauve-toi soudain.
    « N' perds pas un moment,
    « Ou de c't'instrument
« J' te casserai la gueule et la mâchoire. »

Air : *Du haut en bas*.

Du haut en bas
Jupiter trait' son adversaire ;
Du haut en bas,
Il le rosse dans maints combats ;
Après une assez rude guerre,
Le géant fut lancé sur terre
Du haut en bas.

Air : *A la papa*.

Revenu victorieux.
Jupin armé d' son tonnerre,
En fils peu respectueux
De la plac' de ses aïeux
D'vint envieux ;
Puis il ursurpa
Le trône de son père,
D' l'Olymp' le chassa ;
Et dit : « Arrange-toi d' ça »
A son papa
A, à, à son papa.

Air d'*Octavie*, ou de la *Valse de Gisèle*.

Saturne alors sans sceptre ni couronne
La faux en main et courbé sous les ans,
Moissonnant tout et n'épargnant personne,
Courut la terre, et fut le dieu du temps.

D'un pas égal bien qu'il marche sans cesse,
Nous entendons redire à tout moment
Que le temps marche avec trop de vitesse ;
Ou bien : « Hélas ! il va trop lentement ! »

Lorqu'on est jeune, on vit dans l'espérance :
Le temps futur par nous est caressé.
Mais l'âge arrive, avec l'expérience,
Nous regrettons alors le temps passé.

L'amant heureux près de gentille dame
Du temps voudrait voir arrêter le cours,
Plus d'un mari restant près de sa femme,
Le trouve long à suivre son parcours.

J'ai soixante ans : lorsque ma névralgie
Me fait souffrir, si je me plains, j'entends
Plus d'un farceur en riant qui s'écrie :
Cela n'est rien, va, mon vieux, c'est le temps.

Rions, chantons dans nos aimables veilles,
De notre hiver faisons un gai printemps,
Et n'invoquons rien que pour nos bouteilles
Les fruits heureux de l'ouvrage du temps.

Chassé du ciel, sans sceptre ni couronne,
La faux en main et courbé sous les ans,
Puisque le temps ne ménage personne,
Le verre en main, amis, tuons le temps.

LYON,
Membre titulaire.

CYBÈLE

Air. *Eh! ma mèr', est c'que j'sais ça ?*

Sexe charmant, dans la Fable,
Savez-vous comment Atys
Fit la perte irréparable
De certain bijou de prix ?
Ecoutez le pauvre diable
Vous raconter, ici-bas,
Son histoire...lamentable,
Sur un air qui ne l'est pas.

Air du *Garde Champêtre* (de MAHIET).

« Mère des Dieux, tu te rappelles
» La passion du pauvre Atys,
» Lorsque des voûtes éternelles
» Plus de mille fois tu partis !
» Heureuse, alors, de ma présence,
» Ton amour répondait au mien ;

» Tu renonçais à ta puissance
» Auprès d'un berger phrygien.

« Antique Cybèle,
« Si noble, si belle !
» Ton vainqueur,
» Quel malheur !
» A perdu son cœur !

» Sans t'occuper du vieux Saturne,
» Père aussi cruel que gourmand,
» Tu quittais l'époux taciturne,
» Pour rejoindre le vif amant.
» Les humains, pour toi bonnes âmes,
» De la vertu faisant état,
» Disaient que tu soignais les flammes
» Du chaste culte de Vesta.
» Antique Cybèle, etc.

» Je te vois descendre sur terre,
» Ayant une clé dans la main ;
» Sur ta robe verte et légère,
» Guirlande un gracieux jasmin ;
» Une tour sur ton front rayonne,
» Vrai chef-d'œuvre des ciseleurs !..
» Alors tu troquais ta couronne
« Contre ma couronne de fleurs.
» Antique Cybèle, etc.

» Ta majestueuse personne
» Respirait et force et santé ;
» Tu n'étais plus une matrone
» Quand t'étreignait la volupté.
» Tes seins féconds, dans leur souplesse,
» Etaient fermes comme l'airain,
» Et ton éternelle jeunesse
» D'Hébé fit jadis le chagrin.

   » Antique Cybèle, etc.

» La terre, par toi rajeunie,
» Sous le soc trouvait maint trésor :
» Fruits savoureux, gerbe jaunie
» Aux humains donnaient l'âge d'or.
» Vers les autels, sans plus attendre,
» Volaient les cœurs reconnaissants :
» *Le bonheur rend l'âme si tendre !*
» C'était tout profit pour tes sens.

   » Antique Cybèle, etc.

» Mais un jour, par ta jalousie
» Je fus hélas ! persécuté ;
» Dans une sotte frénésie
» Je tranchai…la difficulté.
» Portant sur moi ma main tremblante,
» Des plaisirs je fus le bourreau ;

» Avec le fer du Corybante,
» D'un homme je fis un zéro.

» Antique Cybèle,
» Si noble, si belle !
» Ton vainqueur,
» Quel malheur !
» A perdu son cœur ! »

Justin CABASSOL,

Membre honoraire.

NOTA. — Cybèle, d'après quelques auteurs, était aussi la déesse du feu, sous le nom de Vesta.

NEPTUNE

Du *Caveau* le maître d'hôtel
M'a fait une belle commande ;
Quoiqu'il soit loin d'être un *Vatel*,
Je veux éviter qu'il attende.

Est-ce un turbot, est-ce un brochet,
Qu'il faut pour le prochain banquet ?

Non, cette chair est trop commune
Et trop facile à préparer ;
Il s'agit de se procurer
Certain poisson nommé *Neptune*,
Pour le servir au jour donné,
Artistement assaisonné.

Ce maître d'hôtel n'est pas bête,
Ou, du moins, il n'en a pas l'air
Puisqu'il charge de son emplette
Un cuisinier de port de mer.

J'ai parcouru toute la rade
Et consulté mon camarade

A bord de chaque bâtiment,
Tous m'ont répondu carrément
Qu'on ne pêche en aucun parage
L'oiseau que je veux mettre en cage.

Je m'en revenais tout capot
Quand la graine d'un matelot,
Un mousse me dit : « Gâte-sauce,
« La route que *tu fais* est fausse ;
« *Neptune* est un très vieux lapin
« Qu'on ne prend pas comme un requin.
« *Mathusalem* n'était qu'un homme,
« *Neptune* fut bien mieux que ça ;
« On l'adorait jadis à *Rome*,
« Mais, un beau jour, on le cassa.
« Premier de tous dans la marine,
« Et roi de tous les océans,
« Il fut *coulé* dans la débine
« Pour y rester plus de mille ans.
« Sitôt qu'on eût doublé l'Afrique
« Et mouillé l'ancre en Amérique,
« Ce malheureux, jouet du sort,
« Tout à la fois, vivant et mort,
« Fût mis en planton sur *la ligne*
« On lui donna pour sa consigne,
« Sous prétexte d'un sacrement
« Que pour quelques francs on élude,
« D'imposer chaque bâtiment
« Qui coupe cette latitude.

« Ecris-donc à ce loup de mer,
« Il est bon enfant quoique fier ;
« Sache qu'une promesse vague
« Ne pourra le faire abdiquer
« Qu'à l'aide d'une énorme blague
« Du meilleur tabac à chiquer ;
« Allons, écris, car le temps presse,
« Moi, je me charge de l'adresse. »

Texte de la dépêche.

Toi qui sur la grande eau
Restes à te morfondre,
Daigneras-tu répondre
A l'appel du Caveau ?
Des marins en retraite
Vénérable doyen,
On veut te faire fête
Quoique tu sois payen.
Sache que l'on évoque,
Apprends que l'on convoque
Chez un fin gargotier,
L'Olympe tout entier.

Pour conserver ton type,
Renouvelé des Grecs,
Laisse en repos la pipe
L'ornement des blancs-becs,

Quoique non moins moderne,
La chique peut aller ;
Etant d'usage interne,
Tu sauras la voiler.
D'une fameuse blague
Accepte le cadeau,
Ce n'est pas un mot vague
Quand ça vient du *Caveau.*

Adresse de la dépêche.

A Monsieur *Neptune*,
Marin consommé,
Ancien chef de *hune*
Et dieu dégommé :
Par la gent nautique
Bonhomme tropique
Il est surnommé.

CONCLUSION.

Quoique devenu louche,
N'ayant plus qu'une dent
Dans son énorme bouche,
Ainsi qu'à son trident,
Abandonnant son poste
Aux soins d'un matelot,
Il vient en bateau-poste
Que traîne un cachalot.

L'emballant en troisième
Par le chemin de fer,
J'expédîrai moi-même
Ce vieux roi de la mer.

Préparez la marmite
Où rajeunit *Eson*,
Passée à l'eau bénite,
Ainsi que de raison.
Dépecez-y *Neptune*
Et faites-le bouillir
Plutôt douze fois qu'une,
Afin de l'attendrir.

Quant à moi qui vous parle,
Je saurais l'employer,
Mais pour saucisson d'*Arle*,
Si j'étais charcutier.

En l'apprétant vous-même,
Mon cher maître d'hôtel,
Comme le grand *Carême*
Vous serez immortel.

Prosper FOURNIER,
Membre correspondant.

JUPITER

Air de la ronde de *la Ferme et le Château*.

De Jupiter tracer l'histoire
N'est point le fait d'un coupletier,
Laissons-le dans toute sa gloire
Maître des cieux, du monde entier,
Exerçant son noble métier ;
Clément ou broyant sous sa foudre
Ceux qu'il ne peut ou veut absoudre.
Amant léger, volage époux,
Ce dieu rentre dans mon domaine ;
Il eut des femmes par centaine,
Bonheur qui fit plus d'un jaloux.

Je dois, comme préliminaire,
Citér un fait incontesté.
Pour le sauver, Rhéa sa mère
Au vieux Saturne a présenté
Un pavé bien emmaillotté.
En l'avalant, cet omnivore
Croit que c'est son fils qu'il dévore.

En Crète, le petit garçon
D'Amathée a pris les mamelles,
Et le lait pur qu'il puise en elles
Change en héros le nourrisson.

Jeune, fort et plein de vaillance,
Des Titans, des Géants vainqueur ;
Il rend et reprend la puissance
A Saturne, sournois sans cœur,
De sa race persécuteur :
Puis, organisant l'Empirée,
Son équité fut admirée,
La paix régna parmi les dieux,
Et, chose des plus incroyables,
Presque tous devinrent bon diables ;
Et dans l'Olympe on fut heureux.

Mon héros, un jour de migraine,
Désignant Vulcain pour bourreau,
Le somme, quoi qu'il en advienne,
De fendre d'un coup de marteau
Son royal et fiévreux cerveau.
Le forgeron, non sans réserve,
Le brise, en retire Minerve,
Casque en main, cuirasse au sein.
Jupiter, que cela soulage,
Se rajuste crâne et visage,
Sans souffrance et sans médecin.

D'un tel accouchement jalouse,
Sa femme altière ne veut pas
Qu'en dehors de sa chaste épouse,
Jupiter dote ses Etats
De fruits outrageant ses appas :
Flore lui montre à la sourdine
Une fleur, essence divine,
Qui peut, au contact le plus doux,
Procréer un enfant sans père ;
En la cueillant, joyeuse et fière,
Junon voit Mars à ses genoux.

Jupiter se rit des obstacles ;
En Cygne, Faune, Averse d'or,
Aigle ou Taureau, par des miracles,
A sa fougue donnant l'essor,
D'amour il ravit le trésor.
Io, Léda, Latone, Alcmène,
Europe, Danaé, Climène,
Dans les fastes Capitolins
Vous nous faites, en mainte page,
Envier le sort d'un volage,
Le plus heureux des libertins.

Mais, remplacer par Ganymède
L'aimable et ravissante Hébé !..
C'est, pour l'excuser rien ne plaide,
Brûlant d'un désir prohibé,

Du rang des Dieux être tombé....
La femme seule fut créée
Pour être en tous lieux adorée.
Type étincelant de beautés !
Amants, époux, montrons-nous dignes
D'obtenir ses faveurs insignes,
Sources de pures voluptés.

Fasse qui pourra l'épopée
Du fabuleux Olympien,
Vie étrange et trop occupée
Pour un crayon comme le mien :
J'achève en épicurien :
Bacchus honore une famille
Qui de célébrités fourmille ;
Du frère du roi de la mer,
Francs buveurs, chantez les louanges ;
D'où sortit le Dieu des vendanges ?
D'une cuisse de Jupiter.

P. J. CHARRIN,
Membre titulaire.

JUNON

Air : *Monsieur et Madame Denis.*

Avoir Junon sur les bras
N'est point un mince embarras...
Je n'fus jamais courtisan,
Souvenez-vous-en, souvenez-vous-en.
Muse, oh ! viens à mon secours
Pour fair' passer mon discours.

Air : *Faut d'la vertu, pas trop n'en faut.*

Comme souveraine des Dieux,
O Junon ! tu méritais mieux.

Le sort loin de s'montrer affable,
Usa contre toi d'vilains traits.
D'après c'que j'puis voir dans la Fable,
Tu n'as pas toujours fait tes frais.
Comme souveraine, etc.

Jupin, un jour, en brillant cygne,
Près d'Léda s'glisse...on sait bien où,
Tandis qu'à tes côtés l'indigne
S'borne à prend'r la form' d'un coucou...
    Comme souveraine, etc.

A ton sort voilà qu'il se lie ;
Mais dès l'lendemain, en vrai noceur,
Sans façon Jupiter oublie
Qu'il vient d's'unir avec sa sœur...
    Comme souveraine, etc.

De bonn' fortune en bonn' fortune
Ton époux s'couronne de fleurs :
Grâce à la rouss', la blond', la brune,
Il t'en fait voir de tout's couleurs...
    Comme souveraine, etc.

Au mont Ida tu brigu's la pomme
Que l'beau Pâris tient dans sa main ;
Mais tu fais four et montres comme
Un' déess' mêm' reste en chemin.
    Comme souveraine, etc.

Chez toi, je ne découvre guère
Que dépit, haine et vanité :
Si tu r'sembl's tant au vulgaire
A quoi t'sert ta divinité ?
    Comme souveraine, etc.

Piquée au vif, exaspérée
Junon m'dit : malgré ton tableau,
J'dois triompher : la fill' d'un' *Rhée* (1)
Ne peut craindre *d'tomber dans l'eau.*

Comme souveraine des Dieux,
O Junon ! tu méritais mieux.

Reprise de l'air de *Monsieur et Madame Denis.*

Mes amis, j'ai terminé,
Car mon Pégase échiné
N'vaut pas l'plus maigre alezan.
Souvenez-vous-en, souvenez-vous-en.
Il bronche plus qu'il ne court,
Et j'ai peur de rester court.

D. Thiébaux,
Membre associé.

(1) Pensez à *raie* (*poisson*). Calembour par à peu près.

VÉNUS

(POT-POURRI)

AIR : *C'est l'amour, l'amour*.

C'est Vénus, Vénus, Vénus
  Qu'encense le monde
    A la ronde ;
Tous les chansonniers connus
  Ont célébré Vénus.

Vénus, dès mon adolescence,
Porta le trouble dans mon cœur ;
Puis, à vingt ans, son influence,
Fit disparaître ma pudeur ;
Et, grâce à trois maîtresses
Qui surent m'émouvoir,
Sous toutes les espèces
J'adorai son pouvoir.

C'est Vénus, Vénus, Vénus
  Qu'encense le monde
    A la ronde ;
Tous les chansonniers connus
  Ont célébré Vénus !

AIR : *Tonton, tontaine, tonton*.

Elle était encor demoiselle
En sortant de l'eau, nous dit-on,
Tonton, tonton, tontaine, tonton ;
Et Vulcain qui la vit *si belle*
Vint lui caresser le menton,
    Tonton, tontaine, tonton.

AIR : *Ma tante Urlurette*.

Vénus épousa Vulcain,
Mais avec d'autres, soudain,
Jouait à la crémisette,
    Turlurette,
Ma tante Urlurette.

AIR du vaudeville de *Fanchon la vielleuse*.

De l'île de Cythère,
Asile du mystère,
  La Déesse fit
    Son profit ;
Et là, sans nul encombre,
Mille bosquets délicieux
Protégeaient de leur ombre
Les mortels et les dieux.

Air de *mon p'tit Hippolyte.*

C'est sous le nom de *Callypige*
Qu'elle offre les plus doux attraits :
Faut-il que la pudeur m'oblige
A voiler ses plus jolis traits,
Et ses charmes les plus secrets ;
Dans les formes quelle opulence
Et quels adorables contours !
La raison fuit, le cœur s'élance
Au milieu d'un essaim d'amours.

Air de la *Baronne.*

Une ceinture
De Vénus ornait les appas ;
C'était un don de la nature !
La crinoline ne vaut pas
Cette ceinture.

De sa ceinture
Junon eut envie à son tour ;
Vous connaissez tous l'aventure :
Faut-il donc pour faire l'amour
Une ceinture !

Par sa ceinture
Elle éblouit le beau Pâris :

Vénus, dans cette conjoncture,
Renonça, pour gagner le prix,
   A sa ceinture.

Air : *Eh! mais, oui-da!*

Pâris, dans cette affaire,
De près y regarda ;
Il eut l'art de lui plaire :
Ce fut au mont Ida ..
   Eh ! mais, oui-da !
Je ne vois pas grand mal à ça.

Air de *la Famille de l'apothicaire.*

Vénus eut des temples nombreux,
A Cnide, à Lesbos, à Cythère ;
Car une foule d'amoureux
L'adoraient au ciel et sur terre.
Quel heureux temps, en vérité,
Où l'on pouvait aimer sans crime
Et savourer la volupté
Sans que l'on vous mît au régime !

Air : *Lison dormait dans un bocage.*

Adonis était un fort bel homme,
De plus il était grand chasseur ;
A son aise, pour faire un somme,
Des bois il cherchait l'épaisseur ;

4

Le vent agitait sa tunique,
Quand près de lui Vénus passa :
En voyant ça
Elle toussa ;
Adonis, prompt à la réplique
Se redressa,
La caressa....
Ainsi l'affaire se passa !

AIR des *Trembleurs*.

Un beau jour que sous un tremble
Ils se reposaient ensemble
Le plaisir, qui les rassemble,
Leur a fait tout oublier :
Adonis, comme on le pense,
Était alors sans défense,
Et périt sous la *défense*
D'un énorme sanglier !

AIR : *Du haut en bas*.

Heureusement,
Mars consola notre déesse ;
Heureusement,
Mars se comporta vaillamment ;
Et pour lui prouver sa tendresse,
Il accomplit mainte prouesse
Heureusement.

Air des *Visitandines*.

Quand le ciel, la terre et la mer
Veulent avoir Vénus pour fille ;
Quand toi-même, grand Jupiter,
La réclames dans ta famille,
Plus d'un sculpteur audacieux,
Jaloux d'en embellir la terre,
La revendique, et chacun d'eux,
N'en pouvant être amant heureux,
Avec orgueil s'en dit le père.

Air : *Aussitôt que la lumière*.

Vainement je m'évertue,
Ma science est à vau l'eau,
En contemplant la statue
De la Vénus de Milo :
Les bras lui manquent ! Quel traître
A fait ce coup inhumain ?
C'est le *Temps*, terrible maître,
Qui fut jaloux de sa main.

Air de *la Croisée*.

A la Vénus de Médicis
On doit rendre un public hommage,
Soit du côté du coccis,
Soit du côté de son visage.

Quand je vois ainsi la beauté
S'offrir aux hommes toute nue,
Je lui dis d'un air enchanté :
    Soyez la bienvenue !

AIR : *J'en guette un petit de mon âge.*

Elle a parfois une posture
Qui plaît à notre œil polisson ;
C'est lorsqu'un grand maître en sculpture
La présente en colimaçon :
En voyant *Vénus accroupie,*
Je la lorgne avec tant d'émoi,
Que je sens pénétrer en moi
Tous les désirs d'un feu impie.

AIR de *la Sentinelle.*

Miroir trompeur de la réalité,
La Fiction a, parmi les étoiles,
Placé jadis celle de la beauté,
Qui de la nuit vient éclaircir les voiles :
Au firmament on admire Vénus,
Resplendissant d'une divine flamme ;
    Mais, hélas ! mes vœux sont déçus,
    Et pour braquer mon œil dessus
    J'aimerais mieux la voir en femme,
        La voir en femme.

Air du *Verre*.

Je serais vraiment curieux
De voir cette aimable déesse
Sur la terre plutôt qu'aux cieux
Pour juger de sa gentillesse,
Ou mieux encor, dans les filets
Que Vulcain, ce vieux capricorne,
Un beau jour forgea tout exprès,
Quand il sentit pousser sa corne.

Air de *l'Artiste*.

De Vénus, c'est notoire,
Je devrais plus à fond
Vous dépeindre l'histoire,
Mais ce serait trop long :
Troubadour au cœur tendre,
Je me sens vraiment las
A force de m'étendre
Sur ses divins appas !

Air : *Suzon sortait de son village*.

Lorsque des dieux d'une autre époque
Ici nous relevons l'autel,
O Vénus, ma muse t'invoque
En ce jour vraiment solennel.

Ton influence
Saura, je pense,
Donner à tous la force et la vigueur :
Qu'avec prestesse
Chacun se dresse
Et dans la lice apparaisse
En vainqueur !
Depuis janvier jusqu'à décembre
Remplis-nous d'un feu tout nouveau,
Inspire-nous, et du Caveau
Ranime chaque membre !

J. LAGARDE, et P. VAN CLEEMPUTTE,
Membres titulaires.

CÉRÈS

Aɪʀ de la *Complainte de Fualdès*.

Vous qu'irritent les entraves,
Mortels trop ambitieux,
Qui portez envie aux dieux,
Votre erreur est des plus graves,
Les dieux ne font pas florès,
Vous l'allez voir par Cérès.

Elle naquit en Sicile,
En Égypte, ou bien ailleurs,
Car tous nos écrivailleurs
Sont peu d'accord dans leur style ;
Saturne fut son papa,
Et pour mère elle eut Vesta.

Cette déesse était blonde,
Elle avait un beau mollet,
Jamais un affreux corset
N'étreignit sa gorge ronde.
L'Olympe en était épris
Presque à l'égal de Cypris.

Un beau jour, Monsieur son frère,
Un assez mauvais sujet,
Que Jupiter on nommait,
Vint pour lui causer d'affaire,
Et cet affreux polisson
L'entretint à sa façon.

Sans s'inquiéter du reste,
Le gueusard la planta là :
La pauvrette s'en alla
Loin de son manoir céleste,
Guettant une occasion
D'avoir le prix Monthyon.

Pendant un séjour en Crète,
Elle apprit aux fiers Crétins
L'art de faire de bons pains
Et même de la galette,
De semer, de recueillir,
Afin de se bien nourrir.

Avec l'aide de Lucine
Et les neufs mois accomplis,
Près du temple d'Eleusis
Elle enfanta Proserpine,
Qui devint un grand tourment
Pour sa sensible maman.

Plus tard, voilà que Neptune
Agissant comme un rustaud,
Par un manége nouveau,
Vint combler son infortune,
Et, dans ce but, le brutal
Prit la forme d'un cheval.

Pourtant il faut qu'on signale
(Sans chercher à l'excuser)
Que Cérès, pour l'abuser,
S'était changée en cavale ;
Neptune se dit : allons !
Faut lui montrer les talons.

Enfin, le malin compère
Sut saisir l'occasion,
Et du cheval Arion
Cérès devint bientôt mère ;
Neptune prit le bâtard
Pour l'atteler à son char.

Un simple créature
De Cérès toucha le cœur ;
Jasion fut son vainqueur :
Et l'histoire nous assure
Qu'à son opulent amour
Le dieu Plutus dut le jour.

Mais, hélas ! triste aventure !
Proserpine allait aux champs,
Riche de ses dix-sept ans,
Folâtrer sur la verdure,
Lorsque son oncle Pluton
Vint lui prendre le menton.

Dans les Enfers il l'entraîne !
A l'aspect de ces débris
Où gémissent les maudits
Dont elle doit être reine,
En cris elle se confond,
Cerbère seul lui répond !

Cérès, pour ravoir sa fille,
S'adresse à tous les passants ;
Avec de sots paysans
Elle éprouve une bisbille :
Ceux-ci salissant ses eaux,
Elle en fait de noirs crapauds.

Jour et nuit, courant sur terre
Un flambeau dans chaque main.
Elle fait semer le grain,
Rien ne demeure en jachère ;
Et, pour calmer sa douleur,
Partout répand le bonheur.

Aréthuse, en un bocage,
La rencontrant par hasard,
Lui lit la lettre de part
Du funeste mariage
Qu'a bâclé le noir Pluton
Sur les bords du Phlégéton.

Cérès court trouver son frère
Le terrible Jupiter,
Et lui conte qu'en Enfer
Sa fille se désespère.
Lui caressant le minois,
Jupin dit d'un air narquois :

» Pendant six mois, chaque année,
» Tu reprendras ton enfant;
» Pluton, veuf pour un instant,
» Bénira sa destinée,
» Car je sais plus d'un mari
» Qui n'en serait pas marri. »

En effet, rien ne dérange
Le projet de Jupiter
Pendant les six mois d'hiver,
A partir de la vendange,
Pluton peut, soir et matin,
Agir en vrai diablotin.

Mais quand Phébus, sur la terre
A ramené les beaux jours,
Le privant de son secours,
Proserpine, chez sa mère,
S'abandonne avec plaisir
Aux caresses de Zéphir.

MORALE

Vous voyez bien, chers confrères,
Que, tout comme nous, les dieux
Ont des jours fastidieux
Parsemés d'instants prospères ;
Ils ne font donc pas florès :
Je le prouve par Cérès.

GUILLOIS,
Membre titulaire

CUPIDON.

Air : *J'arrive à pieds de province.*

Vénus fut, dit-on, la mère
    Du dieu des amours ;
Mais eut-il Vulcain pour père ?
    J'en doute toujours.
Mars, à l'aimable déesse,
    De son cœur fit don ;
Et de leur brûlante ivresse
    Sortit Cupidon.

D'après une autre légende,
    Il est le produit
Du Chaos qui le demande,
    Un soir, à la Nuit.
Sur ce texte je me fonde
    Et dis, à mon tour,
Que, pour propager le monde,
    Dieu créa l'amour.

Sur le fait de sa naissance
   On n'est pas d'accord.
Tel est, dans mainte alliance,
   Des poupons le sort.
Ce mystère, très commode,
   Permet aux amants,
Sans s'assujétir au code,
   D'avoir des enfants.

Que faisait le premier homme,
   De l'Eden proscrit?
L'amour... c'est par une pomme
   Que d'Eve il l'apprit.
Ce dieu qui, plein de malice,
   Au cœur nous frappant,
Jusqu'en nos veines se glisse,
   N'est que le serpent.

Tantôt on le représente
   Un arc à la main,
Lançant une flèche ardente
   Qui perce le sein ;
Tantôt une fine gaze
   Lui couvre les yeux,
Ou d'une torche il embrâse
   La terre et les cieux.

Ses attributs, pour les dire
    Ils sont trop divers,
Nous attestent son empire
    Sur tout l'univers.
Ainsi la mythologie,
    Sans mysticité,
Nous cache, sous l'effigie,
    La réalité.

Le *Cupidon* de la fable,
    Ou bien le *Désir*,
N'est pas un dieu, mais un diable,
    Père du plaisir.
Aussi, quoique l'on en dise,
    Malgré le devoir,
Par lui, notre âme soumise,
    Cède à son pouvoir.

Il est temps que je termine
    Avec Cupidon ;
Car il fait mauvaise mine
    Au vieux Céladon.
Ce sujet, à la jeunesse,
    Convenait bien mieux :
Pour réussir, je confesse
    Que je suis trop vieux.

F. DE CALONNE,
Membre honoraire.

APOLLON.

Air de *la Catacoua*.

En dépit de la canicule,
Qui m'a mis l'esprit à l'envers,
Je viens, sans crainte et sans scrupule,
Glorifier le Dieu des vers ;
A le chanter, quand je m'apprête,
Qu'aucun de vous n'en soit troublé :
J'ai tout fouillé,
Tout signalé,
Je n'écris pas comme un écervelé ;
Je n'ai jamais vu ce poëte,
Mais on m'en a beaucoup parlé !

Air du *Fleuve de la vie*

Je dois d'abord faire connaître,
Au début de ce pot-pourri,
L'heureux peuple qui le vit naître
Et dont il fut l'enfant chéri :

Si ce qu'on rapporte est sincère,
Cet Apollon était un grec,
Qu'il ne faut pas confondre avec
   Celui du Belvédère.

Air de *ma Céline amant modeste*.

C'était un lion passé maître,
Aimant ses aises avant tout,
Et ne sachant comment se mettre
Il ne se mettait pas du tout :
Les anciens Dieux, il faut le croire,
Des frimas bravaient les rigueurs,
Et n'avaient jamais de mémoire
A régler avec les tailleurs.

Air : *Un jeune troubadour*.

Ainsi qu'un troubadour,
Qui ne fait pas la guerre,
Il ne cultivait guère
Que les arts et l'amour :
Mais c'est avec succès
Qu'il eût chanté, je pense,
Les combats, la vaillance,
S'il eut été Français.

AIR : *J'ai vu le Parnasse des dames*

Sa soif, il faut que j'en convienne,
Il sut toujours la modérer,
Et c'est à l'eau de l'Hippocrène
Qu'il allait se désaltérer ;
J'en conclus que sur le Parnasse,
Poëte sobre et de bon goût,
S'il a chanté des *vers* en masse,
Il n'en a pas vidé beaucoup.

AIR des *Fraises*.

A vous parler franchement,
C'est là ce qui m'étonne,
On devrait boire autrement,
Lorsque l'on a pour maman
Latone.

AIR de *Calpigi*.

Vous trouveriez fort dérisoire
Que je contasse ici l'histoire
De Daphné qu'en arbre on changea,
Du serpent Python qu'il tua,
Des Cyclopes qu'il massacra :

Je ne dirai rien de son père,
Qui tient dans ses mains le tonnerre,
Et qu'ici j'aurais rudoyé,
Sans la peur d'être foudroyé.

Air : *Et voilà comme tout s'arrange*.

Avec un air très éveillé
Et des mœurs tant soit peu légères,
Il ne s'est pas encanaillé
Comme plusieurs de ses confrères :
Loin de vivre ainsi qu'un brouillon,
Dans les plaisirs et les bamboches,
Il ne quittait pas le salon
Des Muses du sacré vallon,
Qui n'étaient pas des Rigolboches.

Air : *Le Luth charmant*.

Quand Terpsichore étudiait un pas,
Il se mêlait à ses joyeux ébats :
Euterpe l'amusait avec ses ritournelles,
Clio lui racontait des histoires fort belles,
Une autre lui montrait des planètes nouvelles,
Qui ne l'éclipsaient pas.

Air : *Une fille est un oiseau*.

Lorsque sur sa lyre d'or
Il faisait quelque merveille,

La foule, prêtant l'oreille,
S'écriait : encor ! encor !
Ses blonds cheveux, son visage
Qu'un épais laurier ombrage,
Avaient un succès de rage ;
Mais autres temps, autres mœurs !
Dans ce siècle prosaïque,
On eut fait d'sa tête antique
Une enseigne de coiffeurs.

AIR : *Les Anguilles.*

On dit (mais souvent on divague),
Que ses oracles merveilleux
Etaient un essai sur la blague,
Essai qui fut des plus heureux :
Il inventa la médecine,
Qu'Esculape fit progresser ,
Mais il eut mieux fait, j'imagine,
D'enseigner l'art de s'en passer.

AIR : *Allez-vous-en, gens de la noce.*

Adoré de toutes les belles,
Je crois pouvoir certifier
Qu'il rencontra peu de cruelles,
Bien qu'il ne fût pas financier :

Sans ennuis, chagrins, ni mécomptes,
Il eut des triomphes constants,
Je dirai même ébouriffants,
Et, pour finir comme les contes,
Il eut aussi beaucoup d'enfants.

Air du *Ballet des Pierrots*.

Bref, ne croyez pas que je raille :
Qui dit Phœbus, dit le soleil,
Et c' n'est pas un homme de paille
Qui ferait un métier pareil !
A moins qu' la tête ne lui tourne,
C'est lui qui nous éclairera
Tant que la terre tourne, tourne,
Tant que la terre tournera.

Eugène DÉSAUGIERS,
Membre honoraire.

AMPHITRITE

(LE MARIAGE D')

Neptune, ayant le matin même du jour de cette auguste solennité, un peu trop fêté le petit bleu et le petit blanc avec quelques vieux loups de mer, se trouve légèrement gris, mais cet état d'émotion ne l'empêche pas de détailler lui-même à ses sujets le programme des Cérémonies, dans les termes suivants, qui, du reste, n'ont rien de *vague*.

Air : *Si tu savais, mignonne.*

Peuples de mon Empire,
Célébrez, en ce jour,
Dans un joyeux délire,
Amphitrite et l'Amour !

Malgré bien des fredaines
Sur les liquides plaines,
J'éprouvais ennuis... peines...
Les flots m'étaient amers !

Mais une étoile brille !
Amphitrite scintille !...
Soudain, la jeune fille
Devient Reine des Mers !
   Peuples de mon Empire, etc.

De *Doris,* de *Nérée*
Cette fille adorée
Est la flamme éthérée,
Qui, pour moi seul, a lui !...
Aussi belle que sage,
Elle apporte en ménage,
Pour dot, un coquillage...
Précieux aujourd'hui.
   Peuples de mon Empire, etc.

Abandonnant leurs antres,
Deux *Requins* aux gros ventres;
Promus au rang des chantres,
Feront un bruit d'enfer ;
Un *souffleur* très habile,
D'un doigté, fort agile,
Jouera dans le bon style,
Du *grand serpent... de mer !*
   Peuples de mon Empire, etc.

Du haut du *Bucentaure.*
Les Doges... que j'honore,

Au flot, vrai *Minotaure*,
Jetaient un riche anneau :
De celle qui m'est chère,
J'ornerai l'annulaire
Du joyau dont la pierre
Offre la plus belle *Eau !*
    Peuples de mon Empire, etc.

Vous, que le sort, d'avance,
Créa pour notre panse,
A l'office, je pense,
Vous irez sans effroi ;
Baleine (1) vous réclame,
Que l'honneur vous enflamme !
Car des sujets, pleins d'âme,
Doivent nourrir leur Roi !
    Peuples de mon Empire, etc.

Turbot en mayonnaise,
Raie à la hollandaise,
Esturgeon à l'anglaise,
Limandes au gratin,
Brochet à l'allemande,
Saumon à la flamande,

(1) *Baleine*, gros poisson. — Restaurateur célèbre
mort depuis longtemps.

Soles à la normande,
Brilleront au festin !
   Peuples de mon Empire, etc.

Nous serons en famille,
Je prétends, en bon drille,
Que le vin vieux pétille,
Même au sein de nos eaux !
Au fond de maint parage,
Très propice... au naufrage,
Nous trouverons, je gage,
Rhum ! *Madère* et *Bordeaux* !
   Peuples de mon Empire, etc.

Une *Syrène* folle
Doit prendre la parole
Pour une gaudriole,
Dont un galant *Triton*,
Gaillard de bonne mine,
Qui, toujours la lutine,
Sur sa *Trompe marine*
Lui donnera le ton !
   Peuples de mon Empire, etc.

Néréides... Nayades,
Au bal, dans vos cascades
Et dans vos incartades,
Mettez un certain fion !
Aux pâles canotières

De *Charenton*... d'*Asnières*,
De leur danse trop fières,
Sachez damer le pion !
Peuples de mon Empire, etc.

Vous qui formez la suite
De ma belle *Amphitrite*,
Partez, à l'heure dite,
Pour la grotte d'Email ;
Garnissez d'une *Mousse*
De la dernière pousse,
Bien épaisse et bien douce,
Sa couche de *Corail !*
    Peuples de mon Empire, etc.

Chers sujets !... en bon père,
Je vous promets de faire
De mon mieux, pour vous plaire. .
Je vous promets enfin...
Grâce à cet hyménée,
Que la fin de l'année,
Dignement couronnée,
Verra naître... un *Dauphin !*

Peuples de mon Empire,
Célébrez, en ce jour,
Dans un joyeux délire,
Amphitrite et l'Amour !

A. SALIN,
Membre honoraire.

MERCURE

Air du *Garde-Champêtre* (Mahiet).

Gracieuse Mythologie,
Tes dieux qu'on disait sans pouvoir,
Dicteront seuls la poésie
Que nous allons chanter ce soir.
Je voudrais, aidé par Minerve,
Pouvoir, en ce jour fortuné,
Dépeindre avec entrain et verve
Celui que le sort m'a donné !
    Je chante Mercure,
      Et, je vous l'assure,
        Ce dieu là
      Toujours règnera.

Un poète (1) disait naguère :
« Tous les dieux ne sont pas partis ! »
Ce mot d'un aimable confrère,
Sans hésiter, je le redis.

(1) M. Gustave Nadaud.

Le paganisme, c'est notoire,
Compte encor d'ardents sectateurs ;
Jamais Bacchus, l'Amour, la Gloire
Ont-ils manqué d'adorateurs?
    Je chante Mercure, etc.

Le dieu Mercure est la ressource
Des gens bravant les tribunaux :
Il est le patron de la Bourse,
Du négoce et de ses travaux:
On sait le pouvoir qu'il exerce
Sur nos hardis spéculateurs ;
Et qu'il est le dieu du commerce,
Comme il est le dieu des voleurs.
    Je chante Mercure, etc.

Messager des dieux, dit Homère,
C'est lui qui s'occupe toujours
D'allumer la flamme éphémère
De leurs passagères amours.
Par lui s'accomplit la conquête
D'un cœur naïf, mais indigent :
Si le métier n'est pas honnête,
Il rapporte beaucoup d'argent !
    Je chante Mercure, etc.

Fuyant l'olympe et l'étiquette,
Il se loge, sans appareil,

Dans une petite planète
Que brûlent les feux du soleil.
Or, de Vénus elle est voisine,
Et je puis vous dire pourquoi :
C'est que, souvent, dame Cyprine
De ce dieu fit son chef d'emploi.

 Je chante Mercure, etc.

Je pourrais bien encor décrire
D'autres points qu'il doit régenter ;
Mais sur un seul, pour vous instruire,
Je me permettrai d'insister :
Aux talons, s'il porte des ailes,
Et des ailes à son chapeau,
C'est pour abandonner les belles
Et venir plus vite au Caveau.

 Je chante Mercure,
  Et, je vous l'assure,
   Ce dieu là
  Toujours règnera.

A. BUGNOT,
Membre titulaire.

PLUTON

Air : *O fortune, à ton caprice.*
Ou : *Faites-vous Saint-Simonienne.*

Châtiment de ma vie,
Eh. quoi ! vraiment, le croirait-on ?
Le Caveau me convie
A me livrer à Pluton !..

Charmante mythologie,
Egaye notre festin,
De ton antique magie
Nous aimons l'écho lointain !

Enfer, ouvre ta porte :
Allons, descendons dans l'Etna !
Que le diable m'emporte
Si je me tire de là !
Charmante mythologie, etc.

Dès l'âge le plus tendre
Saturne aimant Pluton déjà,
   Dès qu'il put le surprendre
   L'aima tant qu'il le mangea !
    Charmante mythologie, etc.

   Rhéa, sa mère, inonde
De son clysoir, ce père... loup...
   Pluton revint au monde,
   Mais on ne dit pas par où !
    Charmante mythologie, etc.

   De jaune on le colore,
Symbolisant l'or dans son sein !
   Mais, j'en accuse encore
   Du Temps le souffle malsain.
    Charmante mythologie, etc

   Son air était si triste
Que nulle vierge n'en voulut !
   Sur terre, à l'improviste,
   Pluton en feu reparut.
    Charmante mythologie, etc.

   Il voit cueillir la rose
A la blonde enfant qui lui plaît ;

lle fuit... je suppose
Qu'à la belle il parut laid...
Charmante mythologie, etc.

Sa poursuite est si prompte
Qu'il l'atteint. Malgré sa frayeur
Il la prend, et la monte
Dans son char... le ravisseur
Charmante mythologie, etc.

D'une main il dirige,
Quatre coursiers : hélas ! qui sait
Dans ce brûlant vertige
Ce que l'autre main faisait...
Charmante mythologie, etc.

Elle fut du voyage
L'ardente et douce Volupté,
Et sourit au naufrage
Criant : bis, à la beauté !
Charmante mythologie, etc.

Mais Proserpine éprouve
Un bonheur qui lui paraît cher :
Le Paradis se trouve
Sur le chemin de l'Enfer !...
Charmante mythologie, etc.

Comme toi, Dieu de flamme,
Puissé-je en ton sombre séjour,
Dans les bras d'une femme,
Entrer en faisant l'amour !

Châtiment de ma vie,
Eh, quoi ! vraiment, le croirait-on ?
Le Caveau me convie
A me livrer à Pluton !

A. VILMAY,
Membre associé,

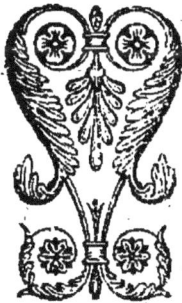

PROSERPINE

AIR : *Dans la paix et l'innocence.*

Madame Pluton m'invite
A visiter son enfer :
Quel honneur !... Je vais bien vite
Prendre le chemin de fer...
De la Gaule cisalpine
Je franchis plus d'un canton,
En invoquant Proserpine,
Proserpine avec Pluton.

D'abord près du lac Averne,
Et non loin de Tusculum,
J'entre dans une caverne
Que masque un vieux *sacellum* ;
En inscription sabine
On grava sur le fronton :
Ici règne Proserpine,
Proserpine avec Pluton.

J'étais au seuil du Ténare,
Quand soudain l'affreux portier,
Sur le chemin qu'il me barre,
M'ouvre son triple gosier...
Sa voix, qui me turlupine,
Aboie... Eh bien ! que veut-on?...
— Je demande Proserpine,
Proserpine avec Pluton.

Je lance au monstre vorace
Un triple pâté d'Amiens ;
Il mange, il s'endort ; je passe,
Et vois d'aimables païens
Se rafraîchissant l'échine
Dans les eaux du Phlégéton,
En attendant Proserpine,
Proserpine avec Pluton.

Archimède, Pythagore,
Devisent avec Képler ;
Bossuet et Roquelaure
S'embrassent avec Luther ;
Philoctète, qui clopine,
S'enivre avec Washington,
Et la belle Proserpine,
Proserpine avec Pluton.

N'en croyez point l'Enéide
Dans son lugubre tableau :
Aux enfers la Danaïde
Ne tire pas que de l'eau...
Laïs, Aspasie, Albine,
En rossant dame Alecton,
Troublent souvent Proserpine,
Proserpine avec Pluton.

Hydres, Centaures, Harpies,
Et Gorgones à l'œil vert,
Dansent avec les impies
Polkas et galops d'enfer...
Sifflant dans une turbine,
Pithon leur donne le ton...
Ça doit troubler Proserpine,
Proserpine avec Pluton.

Aimer n'est point illicite
Parmi ces chers trépassés :
En cet art, sur le Cocyte,
Combien de fous sont versés !...
Qui, dans la forêt sapine,
S'en lave les mains, dit-on ?
C'est la brune Proserpine,
Proserpine avec Pluton.

Sur sa roue Ixion rêve
A sa Junon de brouillard :
Son rocher lui donnant trève,
Sisyphe y trône en paillard ;
Tantale a soif d'Agrippine,
Et Socrate de Giton,
Qui fait rêver Proserpine,
Proserpine avec Pluton.

Cruelle Atropos, Achille
Joue avec ton instrument ;
Lachésis, Ajax te file,
Te file le sentiment !
Le beau Pàris te lutine,
O trop coquette Clothon..
Vous enflammez Proserpine,
Proserpine avec Pluton.

Minos, Rhadamanthe, Eaque,
Près d'Euphrosine et ses sœurs,
Ont senti sous leur casaque
Des élans pleins de douceurs. .
Caron, pour sa concubine,
Sur un banc choisit Gotton...
Mais où donc est Proserpine,
Proserpine avec Pluton.

J'étais alors dans la barque
Du sempiternel grigou :
Voir la reine et son monarque,
Dit-il, ça vaut bien un sou...
Dans sa main qui nous rapine
Je glisse mon ducaton,
Et j'aperçois Proserpine,
Proserpine avec Pluton.

Sous d'épais rideaux de laine
L'un sur l'autre s'étageant,
Je vois un grand lit d'ébène
Lamé d'ivoire et d'argent ;
Le lis, la blanche aubépine
S'y combinent en feston,
Et, sur ce lit, Proserpine,
Proserpine avec Pluton.

E. VIGNON,
Membre titulaire.

MINERVE

AIR de l'*Avare et son ami.*

Comment pourrai-je, non sans peine,
Te bien chanter, fille des cieux,
Toi que, dans un jour de migraine,
Enfanta le maître des Dieux.
Je crains bien qu'à défaut de verve,
De moi l'on ne dise en ce jour :
Il vient de faire un nouveau four
Et de rimer malgré Minerve.

Vénus séduisait par ses grâces,
Minerve par sa chasteté ;
Ne pouvant marcher sur leurs traces,
Junon brillait par sa fierté,
Dans son jugement qu'on renomme.
Pâris aurait dû, jeune et beau,
En échange d'un *fruit nouveau,*
A Minerve donner la pomme.

Arachné, triste et résignée
Devant un arrêt insolent,
Se vit changée en araignée
Pour avoir eu trop de talent.
Mais, que l'inflexible Déesse
Transforme ainsi tous les malins,
Qui travaillent aux Gobelins,
On lui déniera la sagesse.

Je ne sais pas si je m'abuse,
Mais j'ai lu, voilà bien longtemps,
Que des cheveux d'or de Méduse
Minerve fit d'affreux serpents.
Pourquoi cela? C'est que Neptune
A la jeune fille avait pris
Ce que de tous temps à Paris
On a donné dix fois pour une.

Minerve un jour ôta la vue
A Tyrésias, vieux libertin,
Qui la surprit à demi-nue
Au moment qu'elle entrait au bain.
Si jamais la même vengeance,
Mesdames, animait vos cœurs,
Combien on verrait d'amateurs
Devenir aveugles en France !...

Par égard pour le roi d'Ithaque
Et sous les traits du vieux Mentor,
Minerve à son fils Télémaque
Prodigua ses soins et son or ;
Mais après une longue course
A travers de nombreux pays,
Au jeune prince, un peu surpris,
La Déesse ferma sa bourse.

Pour présider une bataille,
De Pallas elle prend le nom ;
Son casque et sa côte de maille
Lui donnent un air fanfaron ;
Mais, protectrice du poète,
Du peintre et du musicien,
Je ne comprendrai jamais bien
Minerve avec une chouette.

G. A. Montmain,
Membre associé.

DIANE

Air du *Protecteur* (Festeau)

Divine chasseresse,
Reine de nos forêts,
J'admire avec ivresse,
Belle déesse,
Tes gracieux attraits.

Au loin le cor résonne,
Dans les fourrés du bois,
La fille de Latone
Suit le cerf aux abois :
Sur son front qui rayonne,
J'aperçois un croissant :
Et ce croissant lui donne
Un charme éblouissant.
Divine etc.

Sémillante et légère,
Ton pied de Cendrillon

Semble effleurer la terre
Sans fouler le gazon.
De ta taille élancée
Les séduisants contours
Font bondir la pensée,
Et rêver aux amours.
    Divine etc.

D'une simple tunique
Tu couvres tes appas,
C'est une mode antique
Qui ne me déplaît pas ;
J'aimerais une belle,
Dans son ajustement,
Qui prendrait pour modèle
Ton léger vêtement.
    Divine etc.

Dans la forêt prochaine,
Que j'aperçois là bas,
Il est une fontaine
Où tu prends tes ébats :
Que ne puis-je, ô ma reine,
Voir ton joli plongeon,
Sans redouter la peine
De ce pauvre Actéon.
    Divine etc.

Lorsque grâce et jeunesse
Embellissent ta cour,
Pourquoi tant de rudesse
Dès qu'il s'agit d'amour.
Si nos femmes charmantes,
Aux regards vifs et doux,
Etaient aussi méchantes,
Que deviendrions-nous ?
    Divine etc.

Mais la plus chaste vie
A ses égarements,
Quelquefois on dévie
De ses grands sentiments :
Souvent une cruelle
Cède à l'occasion :
Que faisait-tu, ma belle,
Auprès d'Endymion ?...
    Divine etc.

Pour te chanter, Diane,
J'esquissai plus d'un trait,
Mais ma plume profane
Gâtera ton portrait.
Ma lyre solitaire
N'a rien d'harmonieux,

J'ignore sur la terre
Le langage des Dieux.

Divine chasseresse,
Reine de nos forêts,
J'admire avec ivresse,
Belle déesse,
Tes gracieux attraits.

VASSEUR,
Membre titulaire.

VULCAIN.

Air : *Quoi! l'amour régnait dans ton âme...*

(MANSARDE DES ARTISTES)

De parents en délicatesse
Vulcain naquit en plein hiver...
Jeune, il a connu la détresse,
Le dieu de ce siècle de fer !
Aux industriels il est cher :
Et, typographe, à ma manière
Interprétant les fictions,
Je viens avec cette matière
Vous livrer mes impressions.

Le mari de Junon la fière,
Trouvant son fruit disgracieux,
D'un coup de pied dans le derrière,
Avec un air facétieux,
Le fit voltiger hors les cieux.

A son seul moutard légitime
Jupin démontrait par ce tour
Qu'un grand n'a souvent de l'estime
Que pour ses gars.., enfants d'amour.

Après cette cruelle blague,
De tourbillons en tourbillons,
Vulcain tout un jour dans le vague
En vain chercha des cotillons,
Absents comme les papillons...
De cette course périlleuse,
Il ressort, le sens en est clair,
Que plus longtemps qu'une danseuse
Un dieu peut se tenir en l'air.

Mais, ennuyé d'un pareil vide
Et narguant l'affreuse Atropos,
Quand vient le soir, il se décide
A dégringoler dans Lemnos,
Qui pour lui valait bien Paphos :
Grâce à ses nymphes, qu'il s'annexe,
Il put se convaincre aisément
Qu'à tout ce qui souffre, le sexe
Procure du soulagement.

Des suites de cette culbute
Il pâtit, car ce fils du ciel

Demeura muet de sa chute
Aussi bien qu'un simple mortel !
Il en conserve quelque fiel :
Et c'est, je crois, la seule cause
Pour laquelle notre univers
Se plaint en vers, se plaint en prose
Qu'ici-bas tout va de travers.

Peu soucieux du diadème,
Ce travailleur, ce franc luron,
Aidé du nerveux Polyphême,
Devint célèbre forgeron
Et des Cyclopes le patron.
En polissant or, fer et cuivre,
Il faut, dit-il, dans son métier,
Si plus tard à l'aise on veut vivre,
Manger son pain noir en premier.

Vulcain n'inventa pas la poudre :
Ses travaux les plus éclatants
Se résumèrent dans la foudre
Qu'il fit pour chasser les Titans,
De Jupiter fort mécontens.
Et, plus tard, quand une migraine
Mit le chef des Dieux à quia,
Avec sa hache plébéienne
Il rendit mère son papa.

Veiller seul dans son lit énerve
Ce dieu du Feu, pâle Phœbus,
Qui, déflorant un peu Minerve,
En mariage prend Vénus
Avec l'aplomb d'un Spartacus.
Il fut trompé !...cela console
Bien des gens qui disent tout bas :
Puisqu'un dieu l'est quand il convole,
Comment ne le serions-nous pas !

Par son activité féconde,
Le bon Vulcain fit tant d'heureux,
Que dans tous les pays du monde
Il obtint des temples nombreux
Dont Etna fut le plus fameux.
Il est le type du génie,
Inventeur et persécuté,
Qui comble à la fin sa patrie
De gloire et de prospérité.

JULES-JUTEAU,

Membre associé

POMONE.

C'est Pomone
Qu'on me donne,
Et je n'en veux à personne ;
Mais Pomone
Me chiffonne,
Le sort
Me la donne
A tort.

Oui, je maudis le destin
Du guignon qu'il me procure,
Que n'ai-je à chanter Mercure,
Jupiter, Momus, Vulcain,
L'Amour, Vénus ou Bellone.
Non, joint à ceux qu'on nous sert,
Ce sont les fruits de Pomone
Qu'on me demande au dessert.

C'est Pomone
Qu'on me donne,
La Déesse de l'automne ;
Mais Pomone
Me chiffonne,
Le sort
Me la donne
A tort.

Pour vous édifier tous,
Je vais chanter la sagesse
D'une fidèle déesse
Qui n'aima que son époux ;
Vous n'avez trouvé, je gage,
Dans l'Olympe, après Pallas.
Qu'une déesse de sage,
Et cette déesse, hélas !
C'est Pomone
Qu'on me donne,
Chanter la vertu, m'étonne ;
Oui, Pomone
Me chiffonne,
Le sort
Me la donne
A tort.

Il faut essayer pourtant :
D'abord son père et sa mère...

Déjà, devant un mystère,
Je m'arrête en débutant.
Quoi, pas même de famille ?
De par le fils de Vénus,
Quoi ! cette déesse, fille
De père et mère inconnus,
C'est Pomone
Qu'on me donne ;
Ah ! vous me la donnez bonne !
Oui, Pomone
Me chiffonne,
Le sort
Me la donne
A tort.

Mais qu'importe ses auteurs,
Chez les dieux du paganisme
On avait un tel cynisme,
De si détestables mœurs,
Que la belle que je chante
Put naître sans déshonneur
De son oncle ou de sa tante,
De son frère ou de sa sœur.
C'est Pomone
Qu'on me donne,
Au sujet je m'abandonne,
Mais Pomone
Me chiffonne,

Le sort
Me la donne
A tort.

Au Louvre, je vous conduits,
Là, Pomone ne s'occupe
Qu'à bien relever sa jupe
Pleine de superbe fruits ;
Mais que le diable m'emporte
S'il est une femme qui,
Pour montrer ce qu'elle porte,
Se retrousserait ainsi !
    C'est Pomone
    Qu'on me donne,
Sa jambe est assez mignonne;
    Mais Pomone
    Me chiffonne,
    Le sort
    Me la donne
    A tort.

Autrefois, chez les Romains,
Encore plus ingénue,
On la représentait nue,
Le front chargé de raisins ;
Dans ce costume peu digne,
Quoi, pour offenser les mœurs,

Mettre la feuille de vigne
Sur sa tête et non ailleurs.
   C'est Pomone
   Qu'on me donne,
Elle n'a qu'une couronne;
   Ah! Pomone
   Me chiffonne,
    Le sort
   Me la donne
    A tort.

Mais parlons du doux lien
Qui seul enchaîna Pomone.
S'il est un choix qui m'étonne,
Assurément c'est le sien:
On prétend que cette belle
Qui n'eut jamais d'autre amant,
Pour époux tendre et fidèle,
Prit le dieu du changement.
   C'est Pomone
   Qu'on me donne,
Pardon, si je déraisonne;
   Mais Pomone
   Me chiffonne,
    Le sort
   Me la donne
    A tort.

Voilà ce qui se passa,
Vertumne... je l'ai ouï dire,
Afin de mieux la séduire,
En vieille se déguisa.
Séduire par la vieillerse,
Peut-on croire à ce récit,
Eh bien ! l'étrange déesse
Qu'une vieille séduisit,
  C'est Pomone
  Qu'on me donne,
Quelle chanson monotone!
  Ah! Pomone
  Me chiffonne,
   Le sort
  Me la donne
   A tort.

D'abord, c'est en laboureur
Que Vertumne vit sa belle,
Il se fit encor pour elle
Vigneron et moissonneur,
Et fut, en quatre personnes,
Nommé par tout l'univers,
Dieu des printemps, des automnes,
Des étés et des hivers.
  Tiens! Pomone
  Qu'on me donne,
Me paraît une luronne;

Mais Pomone
Me chiffonne,
  Le sort
Me la donne
  A tort.

Certes Pomone, entre nous,
Pour une déesse honnête,
Ne me paraît pas si bête
En choisissant cet époux:
Pourquoi de folles tendresses,
De coupables trahisons,
Quand on reçoit les caresses
D'un dieu des quatre saisons.
    La Pomone
    Qu'on me donne,
Etait assez follichonne;
    Mais Pomone
    Me chiffonne :
      Le sort
    Me la donne
      A tort.

Pomone porte à la main
Une corne d'abondance,
Son époux en porte une autre
Qu'il tient de l'autre côté.

Où trouver dans notre monde
Deux époux qui, comme ça,
N'ont pour eux deux que deux cornes
Et les portent à la main ?
  C'est Pomone
  Que je chante,
Et ce sujet m'asticote :
  Cette histoire
  De Pomone
N'a ni rimes, ni raison.

De ses fruits, ne parlons pas,
Car, entre nous, je méprise
Fraise, groseille, cerise,
Framboise, prune, ananas,
Raisin, pêche, pomme et poire,
Et, je le dis en un mot,
De tout ce qui fait sa gloire,
Je n'aime que l'abricot.
  De Pomone
  Qu'on me donne,
L'abricot seul m'aiguillonne,
  Mais Pomone
  M'époumone,
  Et voilà :
  Ça finit là !

CLAIRVILLE,
Membre titulaire.

FLORE

Air de la *Valse de Giselle.*

Les Dieux s'en vont! dit l'homme prosaïque,
Leur ciel n'a plus ses magiques couleurs....
Pour nous, encor l'Olympe est poétique ;
Flore toujours sera reine des fleurs !

Flore naquit dans la belle Ionie,
Et sa corbeille aux célestes banquets,
Non loin d'Hébé, qui verse l'ambroisie,
Laissait tomber ses gracieux bouquets.

Que j'aime à voir la matinale Aurore,
Traçant du jour le radieux chemin !
Ses jolis doigts sont colorés par *Flore*
D'un doux reflet de rose ét de jasmin.

Un vent léger glisse dans le bocage
Pour caresser la fleur prête à s'ouvrir :

Ce frais tableau n'offre-t-il par l'image
Du doux hymen de *Flore* et de *Zéphir*?

D'Anacréon, quand la lyre résonne,
C'est pour chanter les roses, les amours;
Flore au vieillard a remis sa couronne,
Pour embellir le déclin de ses jours.

Jadis Athène a célébré *Glycère*,
Charmante enfant aux riantes couleurs!
Chacun disait, fou de la bouquetière:
« *Flore*, à présent, est marchande de fleurs! »

Des vieux romains je vois la forte race,
Qui, grâce à *Flore*, un jour se polira:
L'heure est venue!... et ce peuple, avec grâce,
Dresse un autel à la belle *Flora*.

Clémence-Isaure, ô noble souveraine,
Du *gai-savoir* te plaisaient les doux chants!
Tu fis briller, en *Flore-Toulousaine*,
Les fleurs de l'art, comme les fleurs des champs!

Joli *Sélam*, bouquet digne d'éloge,
Flore t'anime au pays du Croissant:
Lorsqu'un œillet tendrement interroge,
La rose, alors, répond en rougissant.

Le nom de *Flore* est ignoré, peut-être,
De la beauté chère au quartier Breda,
Qu'importe ! on peut la voir à sa fenêtre
Soigner lilas, jacinthe ou réséda.

Le hollandais, oubliant bière et pipe,
De son jardin habile horticulteur,
Le front courbé devant une tulipe,
De *Flore* aussi se fait l'admirateur.

Pour chanter *Flore*, il faudrait l'élégance,
Le coloris d'un Parny, d'un Chaulieu ;
Je cherche en vain leur esprit, leur aisance ;
Autant chercher le beau dalhia bleu,

Les Dieux s'en vont ! dit l'homme prosaïque,
Leur ciel n'a plus ses magiques couleurs...
Pour nous, encor, l'Olympe est poétique ;
Flore toujours sera reine des fleurs.

Justin CABASSOL,
Membre honoraire.

MARS.

(RÉCITATIF.)

« En avant ! Hurrah pour le Dieu de la guerre!
« Son bras redoutable est en tout lieu vainqueur;
« Mieux que Jupiter il fait trembler la terre,
« Il soutient le faible, et punit l'oppresseur !

Air : *Ah! quel plaisir de vendanger !*

Tudieu ! c'est un dieu celui-ci
Quel visag' réjoui!
Tous les autres, auprès de lui,
Ont une mine blême...
Mars, que j'chante aujourd'hui,
N'est pas mars en carême.

Air du *Petit frère.*

C'est le modèle des guerriers,
Et, quand on parle de sa gloire,

9

D'emblée on rime avec *lauriers*,
Et forcément avec *victoire*.
Il se console de la paix
L'arme au bras, toujours ferme au poste;
Et, pour s'assurer ses bienfaits,
Il se tient prêt à la riposte.

Si vis pacem, para bellum.

Air : *Un homme pour faire un tableau.*

Majestueux comme Jupin,
D'Apollon il a le beau torse ;
Pour dompter Neptune ou Vulcain
Il serait de première force.
Sous la table il mettrait Bacchus ;
Enfin, par sa tournure heureuse,
Il fut distingué par Vénus...
Et Vénus était connaisseuse !

Air : *Ah ! maman, que je l'ai échappé belle !*

« Ah! maman, que je l'échappai belle !
Disait Vénus à la sempiternelle Cybèle (1).
— « Comment ça ? » — C'est Vulcain, ce vilain mod
Qui prétend que j'aurais
Avec Mars causé de trop près. »

(1) Cybèle, la mère des Dieux et des hommes.

« V'là-t-il pas, comm' finissait notre causette
Que mon chien d'époux autour de Mars et de moi jette
Un filet dont la maille était fin'ment faite ;
    Jugez de l'embarras !
Nous n'étions pas dans de beaux draps ! »

« Heureusement Mars, qui ne perd pas la tête,
Perce le filet d'un grand coup de sa baïonnette;
Puis il décampe sans tambour ni trompette,
    En passant par l'trou,
    A Vulcain il rive son clou. »

AIR du *Verre.*

On le voit, ce rude joûteur
N'eut pas toujours un cœur de roche ;
Il est héroïque et sans peur,
Mais pas tout-à-fait sans reproche.
Il aime à se lever matin ;
Plus d'une fois avec Diane
Il se permit un doux larcin
A l'heure où l'on bat la *diane*.

AIR : *Et voilà comme tout s'arrange.*

La guerre s'allie aux beaux-arts ;
Au milieu du fracas des armes,

Les vaillants disciples de Mars
Des muses cultivent les charmes.
J'en atteste cet écrivain
De Lille, à l'âme si française,
A qui, dans un transport divin,
Mars a dicté la Marseillaise.

Air de *Philoctète.*

Dieu formidable, ennemi du repos,
Au champ d'honneur soit toujours notre guide ;
Que mon pays, libre sous ton égide,
Reste à jamais la terre des héros.
Du grand guerrier le peuple a souvenance ;
Son culte ardent le mit au Panthéon ;
L'homme du siècle, enfin, Napoléon
Fut le Dieu Mars de notre belle France !

C. FOURNIER,
Membre honoraire.

BACCHUS

Air du *Premier prix*.

J'accueille avec regrets sincères
Le mot que le sort m'a jeté,
Car certain de mes gais confrères
L'eût, certes, beaucoup mieux traité.
Mais puisque, pour moi, l'eau rougie
Se change en vin, comme à Cana,
Il faut, même en mythologie,
Se contenter de ce qu'on a.

« Les dieux s'en vont ! » disait naguère
Un jeune poète en renom,
Il faut croire que ce Trouvère
De Bacchus ignorait le nom.
Est-il un dieu que, dans l'orgie,
Plus fréquemment chacun prôna ?...
Il faut, même en mythologie,
Prôner toujours ce que l'on a.

L'antique pays de la Thrace
Fêtait Bacchus à deux genoux
Le sort permit que quelque trace
De son culte vint jusqu'à nous.
Du passé la nécrologie
Nous réservait ce bienfait-là...
Il faut, même en mythologie,
Garder toujours ce que l'on a.

L'amante du vaillant Thésée
Avait vu fuir son dieu jaloux,
Et pourtant la jeune abusée
Rêvait l'amour d'un autre époux.
Bacchus la vit, et l'élégie
De par l'hymen se termina...
Il faut, même en mythologie,
Aimer toujours ce que l'on a.

Vous voyez donc bien qu'en ce monde
Bacchus a droit d'être fêté,
Le bon vin ranime et féconde
Notre débile humanité.
Des doux reflets de sa magie
Maint chef-d'œuvre s'illumina...
Il faut, même en mythologie,
Fêter toujours ce que l'on a.

Lorsqu'un siècle que rien n'effraye
Pour empiler des sacs d'écus
Court à l'hôtel de la Monnaie,
Et fuit les autels de Bacchus!
La vigne tombe en léthargie...
Rappelons le dieu qui s'en va !
Il faut, même en mythologie,
Chanter toujours ce que l'on a.

Esprit, gaité, raison, finesse,
A perdre tout on est sujet
Dès qu'on boit trop, et je confesse
Que je suis plein de mon sujet.
Mais tant pis ! Sans pédagogie,
Il faut, lorsqu'on endoctrina
Un chanteur de mytho'ogie,
Se contenter de ce qu'on a.

VICTOR LAGOGUÉE,
Membre associé.

ESCULAPE.

(POT-POURRI.)

Air : *Dis-moi donc, mon p'tit Hippolyte.*

A ce repas, chers camarades,
On m'a vu, fidèle abonné,
Humer rasades sur rasades,
Comme un buveur déterminé :
Ma foi ! je m'en suis bien donné !
Si du champagne l'influence
Me tend quelque piége nouveau,
Esculape saura, je pense,
Sauver le membre du Caveau !

Air du *premier pas.*

Dieu du clysoir,
C'est en toi que j'espère ;
C'est toi qu'il faut que je chante ce soir.
Souviens-toi donc qu'Appollon est ton père ;
Inspire-moi des chants... dignes d'Homère,
Dieu du clysoir !

Air du *Verre*.

Pour punir un affront sanglant,
Dès qu'il eût immolé sa mère,
Appollon l'arrache à son flanc,
Pour lui conserver la lumière.
De toi voulant faire un luron,
Son père, afin que rien ne cloche.
Le confie aux soins de Chiron . . .
Ce centaure était sans reproche !

Air : *Femmes, voulez-vous éprouver.*

Chiron était, en ce temps-là,
Un sage et prudent herboriste,
Qui, des simples lui révéla
Le pouvoir, l'usage et la liste :
Depuis, la docte Faculté,
Qui toujours l'imite et l'honore,
Pour soulager l'humanité,
Sur les simples s'exerce encore.

Air du *ballet des Pierrots*.

Il ressuscitait Hippolyte
Qu'à Mycènes son char broya :
Quand, pour payer tant de mérite,
Maître Jupin le foudroya.

C'est ainsi que, croyant bien faire,
Souvent celui qui fait le bien
A l'avantage de déplaire
Aux bonnes gens qui n'en font rien :

Air : *Ah! qu'il est doux de vendanger.*

De cet acte d'autorité
     Jupiter irrité,
S'écrie, avec sévérité :
     Jamais, quoi qu'elle ordonne,
     Jamais la Faculté
     Ne guérira personne !

Air : *Voilà comment j'ai su que j'étais gentillette*

     Voilà pourquoi
Je m'en rapporte à la nature :
     Voilà pourquoi
Esculape est mal avec moi !
     Voilà, ma foi !
(Et Dieu veuille que cela dure)
     Voilà pourquoi
Je n'ai de médecin que moi !

Air du *Dieu des bonnes gens.*

A ta science, ô divin Esculape,
Je rends hommage, en tous temps, en tous lieux :

Mais c'est Comus qui, pour moi, met la nappe,
Et mes juleps sont flacons de vins vieux !
J'ai, pour amis, des docteurs très capables.
Que j'aime à voir… dans un joyeux repas :
De nul méfait je ne les crois coupables…
    Mais je ne m'en sers pas !

Air du sultan Saladin.

Dans le système animal,
Croit-on souffrir quelque mal ?
Le médecin rend visite ;
A la diète vous invite,
De guérison seul moyen :
    C'est bien !
    Très bien !
Quant à moi, je n'en fais rien,
Et j'aime mieux, comme Grégoire,
    Manger et boire !

Air : Gai ! gai ! mariez-vous.

Gai ! gai ! soignez-vous bien :
    Un clystère
    Est salutaire !
Gai ! gai ! tout ira bien.
Purgez-vous, ne craignez rien !
Ainsi parle maint Broussais
Et le nigaud qui consulte

Va, de la science occulte,
Subir les fatals essais !
    Gai ! gai ! soignez-vous bien, etc.

AIR : *Souvenez-vous en.*

Pourtant d'amour le flambeau
Vous fait-il certain bobo,
Qui peut devenir cuisant ?
    Souvenez-vous en !
Au docteur on a recours,
Souvenez-vous en toujours !

AIR : *On dit que je suis sans malice.*

Oui, lorsque, par triste aventure,
De Vénus on passe à Mercure,
C'est Esculape, dans ce cas,
Qui doit vous tirer d'embarras.
Pour terminer votre martyre,
Allez donc gentiment lui dire :

*Terminer par la fin de t'air : Vous, qui protégez
les amours.*)

« Vous qui guérissez les amours,
« Venez, venez à mon secours ! »

AIR : *Contentons-nous d'une simple bouteille.*

Du ton badin quittons enfin la note,
Pour célébrer les adeptes nombreux,

Dont le pays avec orgueil tient note,
En les plaçant à côté de ses preux.
Dans les combats ils bravent la mitraille ;
Et pour sauver les blessés, les mourants,
Vous les voyez sur les champs de bataille,
La trousse en main, parcourir tous les rangs !

Air de la *Treille de sincérité*.

Viens, ô toi qu'Epidaure
  Adore,
M'indiquer de bons médecins...
Et surtout des remèdes sains !
Que te font de sottes harangues ?
Grâce aux prodiges de ton art,
En dépit des mauvaises langues,
Oui ! tu peux guérir... par hasard,
L'enfant, ou l'homme ou le vieillard.
Va, ne crains pas que je te blesse ;
Quand vient le déclin de nos jours,
Quand l'âge amène la faiblesse,
On a besoin de ton secours !
  Viens donc, toi qu'Epidaure
  Adore,
M'indiquer de bons médecins...
Et surtout des remèdes sains !

Paul Van Cleemputte,
Membre titulaire.

HERCULE

AIR : *Ne vois-tu pas, jeune imprudent.*

Hercule! oh! l'étrange sujet
Pour une simple chansonnette !
Et comment le traiter d'un jet,
Pur au moins de toute sornette?
Il faut cependant le tenter,
Au risque de mésaventure :
Essayons donc de le chanter,
Sans le priver de sa nature.

En examinant le faisceau
Des exploits dus à sa vaillance,
On voit qu'il étouffe, au berceau,
Deux serpents que Junon lui lance.
Plus tard il étrangle un lion
Et les monstres du lac Stymphale ;
Ensuite, Hercule, papillon,
File aux pieds de la reine Omphale.

J'aime l'énorme gobelet
Qu'il porte d'une main agile

Et qu'à vider il se complaît
En l'honneur d'un sexe fragile.
Mais, si Déjanire en courroux
De Nessus lui transmet la robe,
Je plains le malheureux époux
Qu'un bûcher vengeur nous dérobe.

Hercule terrasse un géant
Et le dragon des Hespérides ;
Il attaque et dompte en riant
Les amazones intrépides.
De l'horrible chien des enfers
Il rompt les trois gueules félonnes ;
Et jusqu'au bout de l'Univers
Il s'en va planter ses colonnes.

Parmi tant de faits si nouveaux
Dont sa courte vie est semée,
Le plus brillant de ses travaux
Vint couronner sa renommée.
A cinquante jeunes beautés,
Comme l'antiquité l'atteste,
En ses galantes libertés,
Il fit.... vous devinez le reste.

Celui qui du puissant Atlas
Avait soulagé les épaules,

Quand, pour ce dieu souvent fort las,
Du ciel il soutint les deux pôles ;
Celui-là seul pouvait montrer
Un tour de force véritable :
Un bœuf entier à dévorer
N'est qu'un jeu pour Alcide à table.

Peu jaloux d'un tel appétit,
Au-dessus de l'espèce humaine,
Un autre point nous convertit
Aux goûts du vaillant fils d'Alcmène.
Sans doute un chevalier courtois,
Qui d'un pas jamais ne recule,
Est heureux d'entendre un minois
Lui répéter : avance, Hercule.

Albert MONTÉMONT,

Membre honoraire.

~~~~~~

LES MUSES.

Eh quoi ! de *l'Institut* l'un des membres fidèles
Reste sourd à l'appel que lui fait le *Caveau !*
  Pour chanter les doctes Pucelles,
  Rien, nous dit-il, ne sort de son cerveau....
Rien!... ce mot, cher *Lesueur*, n'est pas dans ta nat
Tu fais tout, quand tu veux ; tu l'as prouvé cent :
Moi, donc, enfant perdu de la littérature,
Indigne suppléant, j'essaye ici ma voix :

  Les *neuf Muses* du vieux Parnasse
  Ont toujours jeunesse et fraîcheur ;
Quand les met au rebut notre siècle moqueur,
  Il n'offre rien qui les remplace.
  La plume, ainsi que le pinceau,
  L'équerre, ainsi que le ciseau,
  Sauront les invoquer sans cesse :
  Ces nobles filles de la Grèce,
  Sont classiques comme le beau.

  Remontons les âges antiques :
  Voyez dans le sacré vallon,

Sous la conduite d'Apollon,
S'élancer les sœurs poétiques.
De la lyre j'entends les sons :
Tout s'anime, tout rit, sous la note divine,
Et les filles de Mnémosyne
Mêlent leurs pas légers au doux bruit des chansons :
Près d'elles remarquez les *Grâces*,
Souriant de leurs jeux divers,
Heureuses de suivre leurs traces
Et de partager leurs concerts.

Le Grec savait user de sa mythologie ;
Du bon goût fidèle gardien,
Il disait au sol Ionien :
« Les *Muses*, malgré leur magie,
» Sans les *Grâces* ne seraient rien. »

Justin Cabassol,

Membre honoraire.

PLUTUS.

Air de *Philoctète*.

Bien qu'à plaisir on me dépeigne vieux,
Et même aveugle, un peu par jalousie,
Je sais pourtant, suivant ma fantaisie,
Mieux qu'Apollon, fasciner tous les yeux !
Le genre humain cède à mon influence,
Il voit en moi l'arbitre de son sort :
Je suis Plutus, je suis le Dieu de l'or,
Et nul de vous ne m'égale en puissance !

Sur la beauté mon empire est certain,
Elle sourit sitôt que je me nomme ;
Sans marchander, arrondissant la somme,
Souvent j'ai fait d'une prude un lutin !
Pour la vertu feignant la résistance,
Faut-il doubler et centupler encor ?
Je suis Plutus, je suis le Dieu de l'or,
Et nul de vous ne m'égale en puissance !

La loi, dit-on, est la même pour tous,
Chacun du moins le proclame sur terre,
Mais ce dicton, créé par le vulgaire,
Depuis longtemps n'a plus cours parmi nous !
Ne sait-on pas, Thémis, que ta balance
Peut dévier au gré de mon effort ?
Je suis Plutus, je suis le Dieu de l'or,
Et nul de vous ne m'égale en puissance !

Ne puis-je pas donner, quand il me plaît,
Un jeune époux à femme grisonnante,
Ou marier une fille charmante,
Enfant encore, au vieillard le plus laid ?
Vous avez beau crier à la démence,
Fils de Vénus, et toi sage Mentor,
Je suis Plutus, je suis le Dieu de l'or,
Et nul de vous ne m'égale en puissance !

Mais si ma main quelquefois par erreur
Aveuglément a semé les richesses,
N'a-t-elle pas aussi par ses largesses
Encouragé les efforts du labeur ?
La joie alors a chassé la souffrance
Et le génie a repris son essor....
Je suis Plutus, je suis le Dieu de l'or,
Et nul de vous ne m'égale en puissance !

Parmi les dieux, je suis pour les mortels
Le seul encore auquel ils daignent croire,

Vertu, chez eux, amour, honneur et gloire,
Sont immolés sur mes riches autels !
C'est qu'un rayon de ma munificence
De l'univers transforme le décor....
Je suis Plutus, je suis le Dieu de l'or,
Et nul de vous ne m'égale en puissance !

On plaît à tous, on est considéré,
Fêté partout quand on a la richesse ;
La devrait-on même à quelque faiblesse,
D'amis nombreux on se voit entouré !
Seule elle donne aussi l'indépendance,
Suprême bien, ineffable trésor....
Je suis Plutus, je suis le Dieu de l'or,
Et nul de vous ne m'égale en puissance !

Dieux de l'Olympe, on ne vous connaît plus ,
Et vos exploits n'amusent que l'enfance !
Le monde entier, avec indifférence,
A vu crouler vos trônes vermoulus !
Le mien subsiste, et chaque humain l'encense
En m'acclamant d'une voix de Stentor...
Je suis Plutus, je suis le Dieu de l'or,
Et nul de vous ne m'égale en puissance !

Ed. LEGRAND ,
Membre titulaire.

SILÈNE.

Air : *Quand la mer Rouge apparut.*

On a sapé les autels
    Des Dieux de la Fable ;
Pour venger ces immortels
    Chantons-les à table.
A l'instar de l'âge ancien,
A chacun de nous le sien.
    Optez pour Phœbus,
    Pour l'Amour, Vénus,
        Pour Comus,
        Ou Momus,
        Melpomène,
    Je bois à Silène !

Bacchus eut pour précepteur,
    Sortant de nourrice,
Silène, qui par bonheur
    Forma sa milice.
Par de merveilleux travaux,
L'enfant devint le héros

Qui fit tant d'honneur
A son gouverneur ;
   Sémillant
   Et vaillant
   Capitaine (1),
Buvons à Silène !

Partout il accompagna
   Le vainqueur du Gange ;
Que de pays lui gagna
   Le jus de vendange.
Du meilleur des conquérants
Silène grossit les rangs,
   Prodiguant à flots,
   Vins exquis, bons mots ;
     Et l'on vint,
     Par instinct,
     Hors d'haleine,
Boire avec Silène.

Quand, de lierre couronné,
   Dans ses promenades,
Et toujours environné
   De Pans (2) et Ménades,

(1) Le dieu Pan fut, ainsi que Silène, l'un des capi-
taines renommés du vainqueur de l'Inde.

(2) Personnages inférieurs de la Fable, classés
parmi les Satyres, Faunes, Silènes, Tityres, etc., etc.

De son âne, allant au pas,
Silène ne tombait pas ;
　　Le vieux boute-en-train
　　Lançait un refrain
　　　En gaillard
　　　Egrillard,
　　　Et sans gêne.
　　Buvons à Silène !

Contre l'hymen prévenu ,
　　Libre et sans alarmes ;
Silène, le front cornu,
　　Riait jusqu'aux larmes,
Lorsque des dieux libertins,
Après de joyeux festins,
　　Galants raffinés,
　　De maris bernés ,
　　　Assiégeaient ,
　　　Fourrageaient,
　　　Le domaine.
　　Buvons à Silène !

Silène, esprit fin, railleur,
　　Rôdeur philosophe ;
Décochait à maint docteur
　　Plus d'une apostrophe :
Qu'il fut en ribote ou non,
Rien n'a terni son renom.

On enregistrait
Chaque malin trait
    D'un luron
    Biberon,
        Fort en veine,
Buvons à Silène !

Intempérant et paillard,
    Aimant les orgies ;
Il caressait du regard
    Bacchantes jolies.
Quelquefois il n'avait pas
Que des yeux pour leurs appas...
    Après ses exploits,
    Silène aux abois,
        Se grisait
        Et gisait
        Dans l'arène.
Buvons à Silène !

P. J. Charrin,
Membre titulaire.

MORPHÉE.

Air du *Bâilleur éternel*.

Ah ! ah ! ah ! ah ! ah ! ah ! ah ! ah ! ah !
    Le sommeil hélas !
    A chaque place
    Nous menace
Ah ! ah ! ah ! ah ! ah ! ah ! ah ! ah ! ah !
    Prenant ses ébats
Morphée est toujours sur nos pas.

Morphée, amis, est peut-être
De tous les dieux le plus fort :
Mes vers sans aucun effort
Vont vous le faire connaître !...
    Ah ! ah ! etc.

Par sa fatale puissance,
Et j'en suis humilié,
Il nous prend une moitié
De notre courte existence.
    Ah ! ah ! etc.

Le froid au sommeil nous livre,
La chaleur endort soudain :
On dort si l'on a trop faim,
Ou si l'on veut trop bien vivre.
    Ah ! ah ! etc,

Le cocher dort sur son siége,
L'employé sur son bureau,
Et jusque sur son tonneau
Le buveur est pris au piége.
    Ah ! ah ! etc.

On dort au bois sous un chêne,
Sur la planche ou l'édredon,
Et même sur un canon
On a vu dormir Turenne.
    Ah ! ah ! etc.

Par l'opium somnifère
Que les Chinois soient bercés,
Ici nous dormons assez
Pour qu'il nous soit nécessaire.
    Ah ! ah ! etc.

C'est à qui vous magnétise :
L'un par son docte débit,
Celui-ci par trop d'esprit,
Cet autre par sa bêtise.
    Ah ! ah ! etc.

Irais-je à cette soirée
Où Morphée est toujours roi :
J'aime autant dormir chez moi
Que sur sa chaise dorée.
    Ah! ah! etc.

Grâce aux fleurs dont tu disposes,
Amour, ton philtre est charmant ;
Mais l'hymen trop promptement
En pavots change tes roses.
    Ah ! ah! etc.

Un immortel qu'on renomme
Vous entraîne à l'Institut :
Un discours était le but
Et vous avez fait un somme.
    Ah ! ah! etc.

D'un long concert l'influence
Sait engourdir tous vos sens,
Le premier que je pressens
Me fait bâiller à l'avance
    Ah! ah! etc.

Une cause remarquable
Vous a conduit chez Thémis,
Vous y trouvez endormis
Juges, public et coupable.
    Ah! ah! etc.

Vous courez chez Melpomène
Entendre de grands auteurs ;
C'est un concert de ronfleurs
Qui prélude à chaque scène.
      Ah ! ah ! etc.

Mais c'est surtout dans les Chambres
Que Morphée entre en vainqueur :
Il ne faut qu'un orateur
Pour endormir tous les membres.
      Ah ! ah ! etc.

En parlant de purgatoire,
D'enfer ou d'un Dieu vengeur,
En vain ce prédicateur
Réveille son auditoire.
      Ah ! ah ! etc.

Il est un conte que j'aime ;
C'est la Belle au bois dormant,
Car notre monde vraiment
De son palais est l'emblême.
      Ah ! ah ! etc.

Je le sens qui me pénètre...
Quand je vous dis ma chanson....
A... bien... plus... forte... raison
De... vous... je l'ai... rendu... maître.

Ah ! ah ! ah ! ah ! ah ! ah ! ah ! ah ! ah !
Le sommeil hélas !
A chaque place
Nous menace.
Ah ! ah ! ah ! ah ! ah ! ah ! ah ! ah ! ah !
Prenant ses ébats
Morphée... est... toujours... sur nos pas !

Auguste GIRAUD,

Membre titulaire.

EOLE.

AIR des *Trembleurs*.

On veut que je chante Eole :
Je crains de faire une école;
Et si je prends la parole,
C'est que j'ai bien résolu
De parler de ma bedaine,
Qui de vents est toujours pleine,
Et peut défier l'haleine
D'Eole, ce gros joufflu !

Eole, en mainte outre close,
De ses vents réglant la dose,
Ne les lâchait que pour cause,
Nous assurent les savants.
Moi, chaque jour ce qui m'outre,
Je le dis, sans passer outre,
C'est que mon ventre est une outre
D'où s'élancent tous les vents !

Lorsque, par certaine trappe,
La foule des vents s'échappe,
L'odeur qui soudain vous frappe,
Vous éloigne un peu de moi :
Mais l'orage enfin s'apaise ;
Je me sens tout à mon aise,
Et, triomphant, sur ma chaise,
Plus qu'Eole je suis roi !

De mon ventre les retraites
Ont des profondeurs secrètes
Renfermant mille tempêtes
Qui pourraient tout culbuter :
Sagement je les modère ;
Car, sans cela, sur la terre,
Les prompts éclats du tonnerre
Seraient moins à redouter !

Paul Van Cleemputte,
Membre titulaire.

HÉBÉ

OU

L'OLYMPE EN SONGE.

Air de *la petite Margot*.

J'allais chanter Hébé, cette déesse,
Le mot donné qui vous était promis,
Lorsque, cédant au sommeil qui me presse,
La plume en main, bientôt je m'endormis.

Il me tardait de vous dire le songe
Qui dans la nuit est venu m'agiter;
Bien, qu'entre nous, ce ne soit qu'un mensonge,
J'arrive ici pour vous le raconter.

En un clin-d'œil abandonnant la terre,
Je me trouvai transporté dans les cieux ;
A table, assis, armé de son tonnerre,
Je vis Jupin entouré de ses Dieux.

On ne portait pas là de crinoline,
Ni pantalon, tous objets superflus ;

Aussi chacun, et cela se devine,
S'y présentait, *in naturalibus*.

C'était, là-haut, le costume à la mode
Que la pudeur a banni d'ici-bas,
Nous y viendrons ; car elle est fort commode,
Et du progrès ne désespérons pas !

Puisque j'étais au milieu de l'Olympe,
De chaque Dieu je pourrais vous parler.
Et de Vénus qui n'avait pas de guimpe,
Et des attraits dont on sut la combler.

Puis d'Apollon, accompagné des Muses,
Et du Dieu Mars, ce troupier très connu,
Et de Vulcain, malgré toutes ses ruses,
Qui méritait si bien d'être... déçu !

Dans ce tableau doit aussi trouver place
Le dieu Pluton, cet ancien Lucifer ;
Mercure aussi qui dévorait l'espace,
Sans se servir de nos chemins de fer ;

Le vieux Saturne, à la faim peu commune,
Père adoré qui mangeait ses enfants ;
Et puis encor vous parler de Neptune,
Du *Quos ego* quand il montre les dents.

Cérès aussi, cette si bonne mère,
Se tenait là pour nous jeter le grain :
Ses mamelons, en pendant jusqu'à terre,
Aux nouveaux-nés allaient tendre le sein.

Son arc en main, Diane chasseresse,
Plus loin, Bacchus, monté sur son tonneau ;
Il se montrait dans un état d'ivresse
Qui méritait le grand prix du Caveau !

Mais quel est donc ce sombre personnage,
A l'œil sévère et son livre à la main,
D'avance il sait le monde d'âge en âge,
Inclinez-vous, Messieurs, c'est le Destin !

L'interroger eût été mon caprice ;
Mais j'avais peur de savoir l'avenir !
S'il m'eût prédit, qui sait ? une jaunisse,
En l'attrapant, c'eût été sans plaisir !

Le temps, hélas ! est déjà si rapide ;
Gardons-nous bien de le trop devancer ;
Laissons au sort, qui sans cesse nous guide,
Secret du mal qui peut nous menacer !

Mais de Jupin je vois là-bas l'épouse,
Dame Junon qui ne put s'empêcher,

En tous les temps, de se montrer jalouse.
Elle venait, m'a-t-on dit, d'accoucher.

C'était d'Hébé, ravissante déesse,
Au teint de rose, au visage enfantin.
Elle pouvait redonner la jeunesse
Ou prolonger la vie à son déclin.

A Jupiter, elle versait à boire,
C'était son lot, gracieuse beauté ,
Son bras levé, près de son sein d'ivoire,
Laissait tomber le nectar enchanté.

Un péu plus bas une feuille de rose

. . . .
. . . . . je me sentis tout chose,
Et très dispos à beaucoup m'enflammer !

J'étais heureux, croyant dans mon ivresse,
Qu'Hébé déjà pouvait me rajeunir,
Et que les jours, si doux de ma jeunesse,
Avec l'amour allaient me revenir !

En ce moment, une flamme inconnue
Vint embraser et mon cœur et mes sens ;
Car toujours là, mon Hébé, toute nue,
Semblait m'ouvrir... ses deux bras caressants.

Mais le bonheur longtemps ne se prolonge ;
Tout à mes yeux comme une ombre s'enfuit ;
En m'éveillant, je regrettais mon songe,
Et tout honteux, je terminai ma nuit.

Alp, TOIRAC ,
Membre titulaire.

PRIAPE.

Air d'*Octavie* ou de *la valse des Comédiens*.

A ce banquet lorsque je me présente ,
Je vous en prie, excusez mon émoi :
Je cherche encore une forme décente
Pour me montrer et vous parler de moi.

Et cependant il faut que je déploie
Des mots couverts le gênant attirail,
Et que chacun des termes que j'emploie
Puisse garder les portes du Sérail !

C'est vainement, pour enfourcher Pégase
Que je m'épuise en efforts superflus,
Sous ce costume et sous ces flots de gaze,
Le malheureux ne me reconnaît plus :

En ennemi d'abord il me regarde...
Bientôt son œil s'anime tout-à-coup...

Je saute en selle, et me donne bien garde
De lui laisser la bride sur le cou :

Ne croyez pas pourtant à me voir prendre,
Avant d'entrer tant de précautions,
Que je me plaise à causer une esclandre.
Et que je sois l'effroi des nations.

Non, je sais bien que nul ne se dérobe
A l'influence, au charme du désir,
Et que je cache en un pli de ma robe,
Pour l'attiser, l'amour et le plaisir.

Je sais aussi que ma puissance est grande,
Qu'elle a pour tous son invincible attrait,
Qu'on met pour moi bien souvent à l'offrande,
Et que sans moi le monde finirait !

Mais ce pouvoir par malheur est occulte,
Et je n'ai pas de niche au Parthénon :
On veut bien être esclave de mon culte,
On rougirait de prononcer mon nom !

Combien de gens, vous les premiers peut-être,
Si j'arrivais ici trop court vêtu,
Affecteraient de ne pas me connaître
Pour se donner un masque de vertu !

Oui, je le sais, quand la porte est fermée,
Quand les verrous sont tirés prudemment,
Je suis le Dieu de la maîtresse aimée,
Qui s'abandonne aux bras de son amant.

Dans son ardeur, dans son désir de plaire,
Sur mes autels elle brûle l'encens,
Et trouve alors tout un vocabulaire
De mots mignards, de gestes caressants !

Mais mon triomphe est de courte durée :
Du genre humain la plus belle moitié,
Bientôt après sur l'idole adorée,
Ne jette plus qu'un regard de pitié !

Puis elle tient, en portant haut la tête,
Pour femme honnête à passer en tout lieu,
Et dans ce but on la voit toujours prête,
Comme Judas, à renier son Dieu !

Que par hasard une jeune fillette,
Espérant fuir les regards indiscrets,
Le cœur ému, vienne un soir en cachette
Me confier ses plus jolis secrets,

La médisance ausculte sa conduite,
Proclame au loin qu'elle a perdu l'honneur,

Et brusquement change en vierge séduite
La pauvre enfant dont je fais le bonheur !

On me recherche à l'ombre du mystère,
Mais au grand jour je parais odieux,
Et suis ainsi tout à la fois sur terre
Le plus fêté, le plus honni des Dieux !

A ce banquet lorsque je me présente,
Je vous en prie, excusez mon émoi :
Il est causé par la forme décente
Que j'ai dû prendre en vous parlant de moi.

Louis PROTAT,

Membre titulaire.

LES PARQUES.

Air : *Tout le long, le long de la rivière*.

Jupiter, dans le firmament,
Installa son gouvernement ;
Il voulut avoir pour ministres
Des gens d'esprit et non des cuistres,
Chargés d'inscrire sur vélin
Les noms du noble et du vilain ;
Par ce moyen, et selon son envie,
Il put diriger le fil de chaque vie,
　　Diriger le fil de chaque vie.

Lorsqu'il vit, au bout de neuf mois,
Un tas de marmots à la fois,
Résultat de tendres caresses
Que prodiguaient dieux et déesses,
Il fit mander fort à propos
Clotho, Lachésis, Atropos,
Puis il leur dit d'une façon polie :
Filez, dévidez le fil de chaque vie
　　Et coupez le fil de chaque vie.

Atropos s'arma de ciseaux,
Lachésis reprit ses fuseaux,
Clotho remit sur sa quenouille
Soie ou coton qu'elle débrouille,
Et ces trois filles du destin,
Depuis ce jour, soir et matin,
Ont dévidé suivant leur fantaisie
Puis filé, coupé le fil de chaque vie,
    Ont coupé le fil de chaque vie.

Ces Parques, au commencement,
Travaillèrent modérément ;
Mais après un nombre d'années,
Ouvrières désordonnées,
Sans nul souci de l'univers,
Elles firent tout de travers
Et s'endormant par caprice ou manie,
Elles ont coupé le fil de chaque vie
    Ont coupé le fil de chaque vie.

Que de sottises, que d'erreurs,
Commises par ces vieilles sœurs !
A peine un enfant vient de naître,
Qu'on le voit sitôt disparaître,
Tandis que de vieux scélérats
Sur terre prennent leurs ébats ;
N'est-ce pas là vraiment de la folie
De couper ainsi le fil de chaque vie,
    De couper le fil de chaque vie ?

Je ne veux pas trop babiller,
Car j'ai peur de les réveiller ;
Ma chanson, peut-être, avec rage,
Leur ferait reprendre l'ouvrage
Et de fil en aiguille, alors,
Je pourrais rejoindre les morts :
Pour se venger d'une plaisanterie,
Elles couperaient le beau fil de ma vie,
    Ne perdons pas le fil... de ma vie.

BOUCLIER,
Membre titulaire.

THÉMIS.

Air de la *Treille de sincérité*.

Puisqu'à l'Olympe
Chacun grimpe,
Je vous invite, mes amis,
A chanter avec moi Thémis.

Elle enrôle sous sa bannière,
Huissiers, avoués et greffiers :
Leur innombrable fourmilière,
Comme un troupeau de loups-cerviers,
Vient manger à ses rateliers :
Et même à la magistrature,
En bonne mère assurément,
Elle fournit la nourriture,
L'éclairage et le logement.
    Puisqu'à, etc.

Elle se livre sans relâche
A tous les genres de labeurs,
Et chaque jour elle a pour tâche
De rendre justice aux plaideurs ;

Et même à messieurs les voleurs.
Aux assises, pour son martyre,
Que de moments elle a passés !
Oui, c'est elle, on peut bien le dire,
Que l'on met aux travaux forcés.
      Puisqu'à, etc.

Moi, je trouve qu'à l'audience,
Il faut qu'elle ait, dans certain cas,
Un bien grand fonds de patience
Pour écouter des avocats
Les interminables débats ;
Beaucoup se servent de leur langue,
Pour mieux embrouiller le procès :
Ils écorchent, dans leurs harangues,
Les oreilles et le français.
      Puisqu'à, etc.

Souvent, elle semble endormie ;
Peut-on bien juger en dormant ?
D'autres disent qu'à l'ophthalmie
Elle est sujette fréquemment,
Je partage ce sentiment.
Parfois, rendus à l'aveuglette,
Ses arrêts sont judicieux :
Ne nous peint-on pas sa *binette*,
Avec un bandeau sur les yeux ?
      Puisqu'à, etc.

Quelquefois aussi, sa balance
Est fausse, on ne peut le nier ;
Elle fait alors danser l'anse
De son juridique panier,
Ainsi qu'un simple cuisinier :
Et grâce à mainte erreur commise
Sous l'influence des ducats,
Trop chère Thémis, tu t'es mise
Bien souvent dans de vilains draps.

      Puisqu'à, etc.

Qu'elle mérite ou non le blâme,
N'allons pas le dire trop haut,
Puisque Thémis est une femme,
Et que par ce motif il faut
Lui pardonner plus d'un défaut :
Rappelons-nous que si les belles
Nous offrent des déceptions,
On trouve souvent auprès d'elles
De douces compensations.

      Puisqu'à l'Olympe,
      Chacun grimpe,
Je vous invite, mes amis,
A chanter avec moi Thémis.

L. PROTAT,

J. LAGARDE,

Membres titulaires.

~~~~~~~~~~~~~~~~~~~~~~~~~~~~~~~~~~~~

LE DIEU PAN.

Air : *Pan, pan, c'est la fortune* (Béranger).

Pan ! pan ! l'être effroyable !
Pan ! pan ! clopin-clopant...
Pan ! pan ! est-ce le diable ?
Pan ! pan ! c'est le dieu Pan.

Ses pieds de bouc sont affligeants,
Il a des cornes sur la tête,
Enfin c'est un Dieu moitié bête,
Il ressemble à beaucoup de gens.

Pan ! pan ! je vais m'en faire,
Pan ! pan ! l'historien ;
Pan ! pan ! quel est son père ?
Pan ! pan ! je n'en sais rien.

C'est Jupiter, m'assure-t-on,
D'autres disent que c'est Mercure
Et, d'après Chompré qui l'assure,
Son père, c'est Demogorgon.

Pan ! pan ! divin mystère,
Pan ! pan ! je reste court ;
Pan ! pan ! quelle est sa mère ?
Pan ! pan ! cherchez toujours.

Si j'en crois les gens éclairés,
C'est Callisto, c'est Pénélope,
C'est Thymbris ou bien c'est Driope,
Bref, c'est tout ce que vous voudrez.

Pan ! pan ! que faut-il croire ?
Pan ! pan ! doute fatal,
Pan ! pan ! pour mon histoire,
Pan ! pan ! c'est bien égal.

Jeune et bravant tous les dangers,
C'est parce que, de mœurs légères ,
Il courtisa bien des bergères,
Qu'il fut nommé Dieu des bergers.

Pan ! pan ! nymphes jolies,
Pan ! pan ! en vous trompant,
Pan ! pan ! que de folies,
Pan ! pan ! fit le dieu Pan !

Les Grecs encor l'intitulaient
Dieu des chasseurs ; mais dans leurs chasses,
Manquaient-ils lièvres ou bécasses,
Ils disaient à Pan, qu'ils battaient,

Pan ! pan ! c'est pour t'apprendre
Pan ! pan ! à l'avenir,

Pan ! pan ! à nous comprendre,
Pan ! pan ! à nous servir.

Mais quand il se comportait bien,
On allait placer sur ses lèvres
Du miel avec le lait des chèvres
Dont lui-même était le gardien.
    Pan ! pan ! tendant son verre,
    Pan ! pan ! *Wan Clem* (1) aurait,
    Pan ! pan ! dit : Je préfère
    Pan ! pan ! du vin au lait.

Poursuivons. — De ses yeux de lynx,
Pan vit un jour dans ses campagnes,
Au milieu de jeunes compagnes,
La charmante nymphe Syrinx.
    Pan ! pan ! en joyeux drille,
    Pan ! pan ! il l'embrassa :
    Pan ! pan ! la pauvre fille
    Pan ! pan ! n'aimait pas ça.

Jusqu'aux bords du fleuve Ladon,
Pan voulut poursuivre sa trace.
En vain, lui criait-on : de grâce !
Vieux Celadon, laissez-la donc !
    Pan ! pan ! Syrinx tremblante,
    Pan ! pan ! au bord de l'eau,
    Pan ! pan ! presque mourante,
    Pan ! pan ! devient roseau.

(1) *Van Cleemputte*, membre du Caveau.

Mais Pan, de pareils accidents
Se riait, car à la minute
Il fit de sa belle une flûte
Pour mieux pouvoir jouer dedans.

> Pan ! pan ! si de nos femmes
> Pan ! pan ! nous pouvions tous
> Pan ! pan ! tirer des gammes,
> Pan ! pan ! en ferions-nous ?

Après ce miracle inouï,
La nymphe Echo fut son caprice;
Mais Echo n'aimait que Narcisse,
Qui lui-même n'aimait que lui.

> Pan ! pan ! faire l'aimable,
> Pan ! pan ! ne suffit pas ;
> Pan ! pan! c'est, dans la Fable,
> Pan ! pan ! comme ici-bas.

Malgré ces deux fours amoureux,
Ce qui pourtant ne pose guère,
D'autres nymphes l'ont rendu père
De petits Satyres nombreux.

> Pan ! pan ! il eut des belles
> Pan ! pan ! aux frais appas.
> Pan ! pan ! en avaient-elles?
> Pan ! pan ! je ne sais pas.

De Marathon Pan fit le sac,
Les Perses eurent la colique,

Et l'on nomma frayeur panique
Ce que nous appelons le trac.

> Pan ! pan ! pour sa victoire,
> Pan! pan! au ciel grimpant,
> Pan ! pan ! ah ! quelle gloire
> Pan ! pan ! entoura Pan !

D'un astre il acquit la splendeur ;
Oui, dans le ciel on le flagorne,
Et sous le nom du Capricorne,
Des maris il est la terreur.

> Pan ! pan ! ma chansonnette,
> Pan ! pan ! finissait là,
> Pan ! pan ! quand la comète
> Pan ! pan ! se remontra.

Je crus que Pan m'apparaissait,
Il m'était permis de le croire,
Quand personne à l'Observatoire
Ne sait quelle comète c'est.

> Pan ! pan ! mais j'assassine
> Pan ! pan ! votre tympan ;
> Pan ! pan ! là je termine.
> Pan ! pan ! Gloire au dieu Pan !

CLAIRVILLE,
Membre titulaire

IRIS

Air des *Comédiens*.

Charmante Iris, aux formes diaphanes,
Que je voudrais, — lorsque ton sillon d'or
Se grave au ciel,—loin des regards profanes,
Suivre ton vol en son brillant essor !

Je connaîtrais l'heureux temps où le monde
Glorifiait les habitants des cieux :
Homère alors, sur sa lyre féconde,
Te saluait messagère des Dieux.

De maints secrets confidente fidèle,
Tu fus jadis l'égide des amants :
Ils triomphaient grâce aux soins de ton aile,
Légère autant que l'étaient leurs serments.

Ce temps n'est plus pour ton office honnêt ·,
Dont relevait l'Olympe tout entier ;
Car, de nos jours, la vieille Proxénète,
En tapinois, exerce ce métier.

Charmante Iris, aux formes diaphanes,
Que je voudrais, — lorsque ton sillon d'or
Se grave au ciel,—loin des regards profanes,
Suivre ton vol en son brillant essor !

Je pourrais voir la plaintive *Ariane*,
Qui mit ton zèle à contribution ;
Je relirais les poulets que *Diane*
Faisait remettre au bel Endymion.

Comblant les vœux du seigneur de l'Olympe,
A son pouvoir mainte belle céda ;
Et, par tes soins, il souleva la guimpe
Qui lui cachait les charmes de Léda.

Pour Apollon tu portas le message
Qui fit jaunir le difforme Vulcain ,
Époux fâcheux qui montra, dans sa rage,
Mars et Vénus en filet le matin.

Est-il besoin que j'épuise la liste
De ces amours ! pourquoi pédantiser ?
Si le hasard m'a fait mythologiste,
D'un tel honneur je ne veux abuser.

Telle, jadis, aux cœurs faisant naufrage
Tu fis trouver la rade des amours ;

Reviens, Iris, après un soir d'orage,
Nous annoncer l'aurore des beaux jours.

Charmante Iris, aux formes diaphanes
Que je voudrais, — lorsque ton sillon d'or
Se grave au ciel, — loin des regards profanes,
Suivre ton vol en son brillant essor !

L. DEBUIRE DU BUC,
Membre correspondant.

L'HYMEN

Air de l'auteur des paroles,
ou : *A genoux devant le Soleil!*

Les dieux que célébrait Homère
Pour nous ont quelque peu vieilli :
Demoustier, leur dernier trouvère,
De ses vers n'a rien recueilli ;
Mais au Caveau chacun s'applique
Le mot donné, sans examen :
Chantons donc la légende antique
Du dieu que l'on appelle Hymen.

Quelle fut l'illustre naissance
De ce dieu si souvent fêté ?
C'est un point, à ma connaissance,
Très obscur et très discuté ;
De Vénus et Bacchus, un livre
Le fait naître sans examen...
Mais cette erreur ne peut survivre
Chez celui qui chante l'Hymen.

Quant Jupiter voulut en maître
Conjoindre Vénus et Vulcain,
L'Amour, ce petit Dieu si traître,
Déserta vite le terrain ;
Mais bientôt le Dieu du tonnerre,
Toujours servi sans examen,
Dans les verts bosquets de Cythère,
Pour les unir, manda l'Hymen.

Vénus ne fut donc pas sa mère,
A moins, pourtant, de supposer
Que de l'Amour l'Hymen est frère,
Ce qui, certes, ferait jaser ;
Car alors, entrant en ménage,
Vulcain aurait, sans examen,
Reçu pour dot en mariage
Deux bâtards : l'Amour et l'Hymen.

Mais repoussons cette hypothèse,
Où, Messieurs, un nouveau Caïn,
Singeant celui de la Genèse,
Immole son frère... utérin...
Car, chez nous, dès que l'on s'épouse,
On peut jurer, sans examen,
Que l'Amour, onze fois sur douze,
Trouve son tombeau dans l'Hymen.

Laissons donc là son origine,
Et parlons de ses attributs :
Ris, chants et fêtes, j'imagine,
Partout entourent ses débuts ;
Mais, plus tard, soupçons et querelles,
Luttes, soucis... à l'examen,
Sont les petites bagatelles
Formant l'escorte de l'Hymen.

Pourtant, d'une exception rare,
De Philémon et de Beaucis,
L'Hymen à tout propos se pare ;
Mais aujourd'hui n'est pas jadis !
Enfin, de marmots au teint rose
Il nous dote... et, sans examen,
Nous trouvons là, quoi qu'on en glose,
Les fruits les plus doux de l'Hymen.

FORTIN,
Membre correspondant.

LES GRACES.

Air de *la Croisée*.

Les dieux de l'Olympe, ma foi !
Nous donnent du fil à retordre ;
Mais je prends *les Grâces* sur moi,
Pour me conformer au mot d'ordre.
Toujours ami de la gaîté ,
De loin je veux suivre vos traces ;
Et, puisqu'on m'a si bien traité,
    Je vais dire *mes Grâces !*

Près de ces trois aimables sœurs,
Des amours voltige la troupe :
Pour l'œil charmé des connaisseurs,
Ça compose un fort joli groupe !
Que vois-je, ô divine *Aglaé*,
Dans tes bras, c'est toi qui m'enlaces ;
Tu m'enhardis, Dieu soit loué,
    Je rends hommage *aux Grâces !*

Thalie, à son tour, vient, de fleurs
Parer mon front sexagénaire :
De plaisir je verse des pleurs,
En la trouvant si débonnaire !
Anacréon, dans son essor,
De l'âge secouait les glaces :
Moins vieux que lui, je puis encor
    Sacrifier *aux Grâces*.

Euphrosine, tu m'apparais !
C'est toi qui nous *réjouis l'âme* (1).
Douce mission !... A ces traits,
On reconnaît la tendre femme.
Bien heureux qui sait te charmer !
De ses travaux tu le délasses :
Et nous devons te proclamer
    La première *des Grâces !*

Des *Grâces*, plus nous vieillissons.
Plus nous adorons la puissance :
Elles font voir dans nos chansons,
La nudité sans indécence !
Collé, jusque dans maint écart,
Loin de s'attirer leurs disgrâces,
A force de talent et d'art,
    Fit sourire *les Grâces !*

---

(1) Signification du mot *Euphrosine.*

C'est l'instant de me protéger,
Euphrosine, Aglaé, Thalie !
La critique va me juger :
Ma tâche est-elle bien remplie?
Si le sujet, pris de travers,
A rendu vos oreilles lasses,
Convenez pourtant que mes vers
    Ne manquent point *de Grâces !*

        Paul Van Cleemputte,
          Membre titulaire.

COMUS.

Air de *la Treille de sincérité.*

Par Épicure ,
Je le jure ,
Dieu de la joie et des festins ,
A toi mon culte et mes refrains!

Des dieux célèbres de la Fable
Chantés dans ce joyeux tournoi,
Comus m'est le plus favorable,
Avec ardeur je suis sa loi,
Et je vais vous dire pourquoi :
Couronné de myrthe et de roses
Il préside à tous nos banquets,
Il bannit les rimeurs moroses
Et sourit à nos gais couplets.
Par Épicure, etc.

Comus est le Dieu que j'adore,
Il répond à tous mes désirs,

Jamais en vain je ne l'implore,
Il sait pourvoir à mes plaisirs,
Et charmer gaîment mes loisirs.
Quand par hasard l'ennui m'oppresse,
Vers la table je vais très prompt :
Ce Dieu, dans une douce ivresse,
Par ses mots éclaircit mon front.

> Par Épicure, etc.

Il dirige, en Dieu tutélaire,
Les charmes de chaque beauté :
Par lui, par son suc culinaire,
Il leur donne la fermeté
Et surtout la rotondité ;
Il n'a pas permis, je le gage,
De la mode tous les excès ;
On peut bien s'arrondir sans cage :
Qu'on la laisse pour des poulets.

> Par Épicure, etc.

Jupiter, avec son tonnerre.
Le dieu Saturne avec sa faux,
Proserpine avec son cerbère,
Pluton, avec ses noirs chevaux,
Chez moi causent des soubresauts.
Quand je vois le dieu que je chante,
Avec ses fleurs et son flambeau,

Ma vénération augmente,
Je dis, adepte du Caveau :

    Par Épicure, etc.

J'aimerais le dieu de la treille,
Ce Dieu sans gêne et sans façon,
Si sa liqueur chaude et vermeille,
Qui me rend gai comme un pinson,
Ne troublait parfois ma raison :
A la déesse de Cythère
Je prodiguerais mon encens,
Si j'étais sûr de me soustraire
A des remords toujours cuisants.

    Par Épicure, etc.

De nos jours, on te sacrifie,
Maudit vieillard, puissant Plutus ;
Pauvre, dans ma philosophie,
J'ai du mépris pour tes écus,
Source de larmes et d'abus.
Mon dieu propage l'allégresse
Et sait ravir chaque destin ;
Chez lui je trouve la richesse,
Même en un modeste festin.

    Par Épicure, etc.

Vous savez pourquoi je préfère
Le dieu Comus aux autres dieux ;

Tout épicurien le vénère;
C'était le dieu que nos aïeux
Célébraient jadis dans leurs jeux.
A Comus consacrons un temple :
Nos neveux, ses adorateurs,
Pourront un jour, à notre exemple,
Saluer le dieu des viveurs.

Par Épicure,
Je le jure,
Dieu de la joie et des festins,
A toi mon culte et mes refrains !

LE VAILLANT,
Membre correspondant

~~~~~~~~~~~~~~~~~~~~~~~~~~~~~~~~~~~~~

LUCINE

Air du *Retour dans la Patrie*.

Merci de votre lettre affable!
Mes très chers confrères, salut!
Pour chanter les dieux de la Fable,
Il faut remonter notre luth.
    Je vous approuve;
    Pourtant je trouve
Un peu trop haut votre diapason.
    Heureux le barde
    Qui se hasarde
Et sait trouver la rime et la raison.
Bien qu'ignorant en médecine,
Je me vois, hélas! confier
Le soin de photographier
    La déesse Lucine.

Amis, vraiment, dans cette joûte
Où chacun de vous brillera,

Je crains bien de faire une croûte
Pâle, pâteuse, et cætera.
  Combien j'envie
  La muse amie
Qui doit chanter le travail d'un amant !
  Le sort m'oblige,
  Cela m'afflige,
A n'en donner, moi, que le dénouement.
 L'Amour, ce dieu qui nous fascine,
 A ses instants mystérieux :
 L'un où l'on ne peut faire mieux
  Que d'appeler Lucine.

Sur les bords du Gers, de la Marne,
Qu'importe que nous soyons nés ?
A travers semblable lucarne,
Il nous faut tous passer le nez...
  Instant critique
  Où la clinique
Plonge sa main souvent jusqu'au biceps !
  Malgré son zèle,
  Heureuse celle
Que n'atteint pas la branche du forceps.
 Durant la manœuvre assassine,
 De la femme, dans ce chemin,
 Qui soutient l'effort surhumain ?
  C'est la docte Lucine !

Combien de prudes, très mondaines,
Fort accessibles à l'amour,
S'absentent trente-six semaines,
N'osant se montrer au grand jour !
Si d'aventure
Une piqûre
Par le reptile au plus subtil venin,
Métamorphose
Et rend morose
Ce pauvre cœur du sexe féminin ..
On a vu plus d'une béguine
Chez qui la blessure empira :
N'allez pas le demander à
La discrète Lucine !

Les dieux assistés des déesses,
Demoustier l'a dit dans ses chants,
Nous ont emprunté nos faiblesses
Pour satisfaire leurs penchants.
Junon altière,
Minerve fière
N'ont point laissé leurs mémoires écrits.
Mais je sais comme
Un bon diplôme
De leur sagesse a confirmé le prix..
Quand la taille trop se dessine,
Certains signes révélateurs

Ont forcé les dieux séducteurs
   A consulter Lucine !

   J'ai dit, — mais parcelle à parcelle.
   Ouf ! pour moi quel rude labeur !
   Je sens sur mon front qui ruisselle
   Perler la goutte de sueur.
      Sombre et farouche,
      La fausse couche
M'effraye, hélas ! je puis faire *fiasco*.
      Enfin je tremble,
      Puis il me semble
Ouïr ces mots : son style est rococo.
   Pourtant si mon chant prend racine
   Et se trouve être à votre gré ;
   C'est à toi que je le devrai,
      Bienfaisante Lucine !

               CH. MARCHAND,
            Membre correspondant.

LE DIEU TERME

Air : *Adieu, je vous fuis, bois charmants.*

Une ordonnance du Caveau
Restaurant les dieux d'Hésiode,
Prescrit de fêter de nouveau
Un culte fort passé de mode.
Du sort subissant les arrêts,
Dans mon sujet je me renferme ;
Et quoique apôtre du progrès
Je dois célébrer le dieu Terme.

Combien fut court cet âge heureux
Où, sans bornes et sans clôture,
L'homme vivait insoucieux,
A l'état de simple nature !
Mais un cataclysme, soudain,
Du globe change l'épiderme :
Arrive alors l'âge d'airain,
Et l'on voit surgir le dieu Terme.

C'était un fort drôle de dieu,
Assez commun, plein de rudesse ;
Sous forme de pierre ou de pieu,
A tous brûlant la politesse.
On le vit, mauvais courtisan,
Au capitole tenir ferme,
Et devant Jupiter tonnant
Il ne bougea pas plus qu'un terme.

Depuis ce temps il est resté
L'emblême du propriétaire ;
Et son pouvoir incontesté
Domine encore sur la terre.
De nos jours, en vain, l'on a dit
Que du vol il contient le germe ;
De Proudhon le fameux écrit
N'a pas ébranlé le dieu Terme.

Malgré son air un peu brutal,
Malgré ses allures grossières,
De lui ne disons pas de mal
Dans les châteaux, dans les chaumières.
Le monarque dans son palais,
Le paysan dans l'humble ferme,
Tout l'univers vivrait en paix
Si l'on respectait le dieu Terme.

De trembler devant les puissants
Il n'a jamais eu l'habitude,
Et sous les pas des conquérants
Proteste par son attitude.
Bien qu'il reçoive un fier soufflet
De Turin jusques à Palerme,
Seule Thémis a le secret
De faire fléchir le dieu Terme.

Règnera-t-il encore longtemps,
Ce vieil oracle des notaires,
Lorsque depuis plus de mille ans
Ont disparu tous ses confrères ?
Qui sait, en fait de nouveaux dieux,
Tout ce que l'avenir renferme !
Je crois prudent, faute de mieux,
De nous en tenir au dieu Terme.

De ces mythes ingénieux
Eclos du cerveau des poètes,
Amis, dans vos couplets joyeux
Soyez les dignes interprètes.
Que du Caveau ressuscité
L'ère jamais ne se referme ;
Que vos plaisirs, votre gaîté,
Ne connaissent jamais de terme !

AZÉMA DE MONTGRAVIER,
Membre correspondant.

NOTA

Ce recueil était déjà imprimé lorsque M. Krauss, membre correspondant du Caveau, a produit sa chanson du dieu *Pan*, au banquet mensuel du 2 août. On trouvera cette chanson dans le volume annuel du Caveau.

TABLE ALPHABÉTIQUE

DES

MOTS DONNÉS

Paris.— Typ. A. APPERT, passage du Caire, 56.

www.ingramcontent.com/pod-product-compliance
Lightning Source LLC
Chambersburg PA
CBHW060431090426
42733CB00011B/2224